WAT & HOE

ENGELS

TAALGIDS

Vertaling
J.A. Hoeks PhD,
m.m.v. P.J.E. Hyams MA

Aanvullingen en correcties
Engelien en Piet Verhoeff

Wat & Hoe: wat anders!?

Wat & Hoe maakt deel uit van
Kosmos Uitgevers, Utrecht/Antwerpen
www.kosmosuitgevers.nl

Leverbaar in de serie Wat & Hoe:

- Wat & Hoe Hoogtepunten
- Wat & Hoe Onderweg
- Wat & Hoe Select
- Wat & Hoe Stedentrip
- Wat & Hoe Stad & Streek
- Wat & Hoe Taalgidsen

Kijk voor meer informatie op:

www.watenhoe.nl watenhoe watenhoe_reizen

79e druk, 2017

Technische realisatie en productie: LINE UP boek en media bv
Omslagconcept: Studio Room
Omslagfoto: © Getty Images
Ontwerp binnenwerk: Julia Brants
Illustraties: Monique van den Hout
ISBN 978 90 215 6719 8
NUR 507

FSC www.fsc.org MIX Papier van verantwoorde herkomst FSC® C004472

Deze uitgave is met de grootst mogelijke zorgvuldigheid samengesteld. Noch de maker, noch de uitgever stelt zich echter aansprakelijk voor eventuele schade als gevolg van eventuele onjuistheden en/of onvolledigheden in deze uitgave. Wij zouden het zeer waarderen wanneer u geconstateerde onjuistheden ons wilt doorgeven, zodat wij hiermee rekening kunnen houden bij een volgende druk. Uw opmerkingen kunt u zenden aan: info@watenhoe.nl

Inhoud

Woord vooraf

Al ruim 90 jaar kun je je met ***Wat & Hoe Taalgidsen*** verstaanbaar maken in vele talen. Dat betekent niet dat de gidsen inmiddels hoogbejaard zijn. Met de huidige generatie gidsen kun je vragen naar de beschikbaarheid van wifi, plekken om je telefoon op te laden of waar je geheugenkaartjes kunt kopen voor je camera. Ook zijn vele taalgidsen inmiddels als app beschikbaar voor Android en iOS. Sommige apps bevatten beluisterbare uitspraak die je kunt laten horen aan je gesprekspartner. En er zelf mee oefenen kan natuurlijk ook!

De ***Wat & Hoe Taalgidsen*** staan bekend om de vele handige zinnetjes die je kunt gebruiken in een hotel, restaurant of gewoon op straat. Bij alle zinnen zie je meteen hoe je ze moet uitspreken. Er zijn praktische tekeningen waarop je ook kunt aanwijzen wat je nodig hebt. Achterin staan woordenlijsten in beide richtingen die van pas kunnen komen om snel even een woord op te zoeken. Wil je meer weten over de grammatica, dan kun je voorin daarover een beknopte praktische uitleg vinden. De gidsen zijn in samenwerking met Van Dale tot stand gekomen.

Wat & Hoe-taalgidsen zijn er in de volgende talen:

Afrikaans
Arabisch
Braziliaans
Bulgaars
Catalaans
Chinees Mandarijn
Deens
Duits
Engels
Fins
Frans
Fries
Grieks
Hebreeuws
Hongaars
Indonesisch
Italiaans
Japans
Kroatisch
Noors
Pools
Portugees
Roemeens
Russisch
Slowaaks
Spaans
Thai
Tsjechisch
Turks
Vietnamees
Zweeds

Deze ***Wat & Hoe***-taalgidsen zijn ook als app verkrijgbaar:

Duits
Engels
Frans
Italiaans
Spaans

1 Handig om te weten...

1.1 Beknopte grammatica

- ### Zelfstandig naamwoord en lidwoord

Het Engelse bepaalde lidwoord is *the*, ongeacht het geslacht van het zelfstandig naamwoord dat erop volgt. De Nederlandse bepaalde lidwoorden 'de' en 'het' worden dus in het Engels allebei *the*. Het onbepaalde lidwoord 'een' wordt in het Engels *a* of *an*, afhankelijk van de uitspraak van het zelfstandige naamwoord dat erop volgt. Als dit naamwoord met een medeklinker begint, gebruikt men *a*; als het met een klinker begint, gebruikt men *an*. Dus: *a train, a musical, a Frenchman*, maar *an airplane, an opera, an Englishman*. De uitspraak van het lidwoord *the* loopt hiermee overigens parallel. Als het zelfstandig naamwoord in de uitspraak met een medeklinker begint, is de uitspraak '*Də*', anders '*Die*'. Dus: *the train* '*Də treen*', maar *the airplane* '*Die eəpleen*'. Het meervoud wordt over het algemeen gevormd door een *s* achter het zelfstandig naamwoord te plaatsen: *train-trains, hotel-hotels* en *museum-museums*. Helaas behoren veel frequente woorden tot de uitzonderingen: *man-men, woman-women, child-children*.

- ### Het werkwoord

De meeste Engelse werkwoorden worden zeer regelmatig vervoegd. In de tegenwoordige tijd zijn alle vervoegingen behalve de derde persoon enkelvoud hetzelfde als de infinitief (het 'hele' werkwoord). De derde persoon enkelvoud krijgt er over het algemeen een *-s* bij. Dus:

ik werk	I work
jij werkt	you work
hij/zij werkt	he/she works
wij werken	we work
jullie werken	you work
zij werken	they work

Uitzonderingen zijn o.a. *have* (hebben; 3e persoon enkelvoud *has*), *do* (doen; 3e persoon enkelvoud *does*, uitspraak: duz) en *be* (zijn). Dit laatste is zeer onregelmatig en wordt als volgt vervoegd: *I* **am**, *you* **are**, *he/she/it* **is**, *we* **are**, *you* **are** en *they* **are**. Andere belangrijke werkwoorden, zoals de hulpwerkwoorden *can* (kunnen), *will* (zullen) en *should* (zou/

zouden moeten) zijn daarentegen juist volledig regelmatig: alle vervoegingen, inclusief de derde persoon enkelvoud, zijn identiek aan de onvervoegde vorm.

• De vragende vorm

Anders dan in het Nederlands kan in een Engelse vragende zin het hoofdwerkwoord niet alleen staan. Als er in de zin hulpwerkwoorden voorkomen, gaat het eerste daarvan naar het begin van de zin. Bij *Father will buy the tickets* (Vader zal de kaartjes kopen), waar *buy* de infinitief is en *will* een hulpwerkwoord, gaat in de vragende vorm *will* naar het begin van de zin: *Will father buy the tickets?*
Als er in de zin alleen een hoofdwerkwoord staat, zonder hulpwerkwoorden, wordt voor de vragende vorm het hulpwerkwoord *do* ingeschakeld. Een zin als: *The guide works hard* (De gids werkt hard) wordt vragend gemaakt door een vorm van *do* aan het begin van de zin te zetten: *Does the guide work hard?* Als de zin met een vragend voornaamwoord begint (wie, hoe, wat etc.) wordt het onmiddellijk gevolgd door *do: When does the train get here?* (Hoe laat komt de trein hier aan?). U ziet ook dat het hulpwerkwoord, en niet het hoofdwerkwoord, vervoegd wordt voor de derde persoon enkelvoud (het hulpwerkwoord *do* wordt *does*, en het hoofdwerkwoord *works* wordt weer gewoon *work*). Dit geldt voor alle hulpwerkwoorden.
Er is één belangrijke uitzondering op de regel dat een hoofdwerkwoord niet zonder hulpwerkwoord in een vragende zin kan staan, en dat is *be*. De zin: *He is rich* (Hij is rijk) wordt in de vragende vorm gewoon *Is he rich?*, precies zoals in het Nederlands dus.

• De ontkenning

De ontkenning wordt in het Engels gevormd door het woord *not*. Het komt in de zin direct achter het hulpwerkwoord en wordt daarmee in het gesproken taalgebruik samengetrokken: *can* + *not* wordt *can't*, *has* + *not* wordt *hasn't*, *could* + *not* wordt *couldn't*, etc. De zin *Jane can swim* (Jane kan zwemmen) wordt in de ontkenning dus: *Jane can't swim* (Jane kan niet zwemmen). Alweer heeft ieder hoofdwerkwoord (behalve *be*) een hulpwerkwoord nodig in de ontkennende zin, en alweer is dat *do*. Terwijl we dus de Nederlandse zin 'Erik drinkt' kunnen ontkennen als 'Erik drinkt **niet**', moet de Engelse zin *Eric drinks* ontkend worden als *Eric* **doesn't** *drink*. Merk op dat ook hier weer de *-s* voor de derde persoon naar het hulpwerkwoord gaat.
Zoals gezegd kan alleen *be* in de ontkenning zonder hulpwerkwoord. *The room is clean* (De kamer is schoon) wordt in de ontkenning dan ook gewoon *The room is not (isn't) clean.*

- **Het verleden**

Het Engels heeft verschillende manieren om aan te geven dat een handeling in het verleden plaats heeft gevonden. De onvoltooid verleden tijd wordt gebruikt voor een afgesloten handeling in het verleden. Het is de verplichte vorm als er in de zin een tijdsbepaling zoals *yesterday, last week* of *ten years ago* voorkomt: *I hit my head yesterday*. Als de gebeurtenis in een recent verleden heeft plaatsgevonden en de gevolgen zijn nu nog merkbaar, gebruikt men eerder de voltooid tegenwoordige tijd. Hiervoor wordt het hulpwerkwoord *have* ingeschakeld, in het gesproken taalgebruik vaak samengetrokken tot *'ve* (*'s* voor de derde persoon enkelvoud): *I have (I've) hit my head and it still hurts* (Ik heb mijn hoofd gestoten en het doet nog steeds zeer). Een andere belangrijke constructie is die met *have been*. Deze wordt gebruikt als een gebeurtenis in het verleden is begonnen en tot in het heden voortduurt: *It's been (has been) raining for three days* betekent dus dat het al drie dagen regent.

- **De toekomst**

De Engelsman kan op twee manieren uitdrukken wat er in de toekomst gaat gebeuren. De eerste maakt gebruik van het hulpwerkwoord *will* (vaak afgekort tot *'ll*). Het hulpwerkwoord *shall* kwam in het verleden ook veel voor, maar wordt tegenwoordig alleen gebruikt voor de vragende vorm, en dan nog alleen in combinatie met de eerste persoon (enkelvoud en meervoud). De constructie met *will* is neutraal: *The train will leave at 11 o'clock* (De trein vertrekt om 11 uur) maar kan ook een belofte uitdrukken: *I'll call you tomorrow* (Ik bel je morgen).
De tweede constructie is die met *be going to*. Hiermee geeft de Engelsman aan dat hij van plan is iets te doen: *I'm going to write a book* (Ik ga een boek schrijven) of dat de toekomstige toestand of gebeurtenis het logische gevolg is van een tegenwoordige toestand of gebeurtenis: *You're going to miss your train if you don't hurry up* (Je mist je trein nog, als je niet opschiet).

- **Het verzoek**

Als een Engelsman wil vragen of iets mogelijk is, gebruikt hij daarvoor het hulpwerkwoord *can*. 'Kan ik hier geld wisselen?' wordt in het Engels: *Can I change some money here?* Als de mogelijkheid echter afhankelijk is van de welwillendheid van de gesprekspartner, wordt uit beleefdheid eerder het hulpwerkwoord *could* gebruikt: 'Kan ik even bellen?' wordt dus: *Could I use your phone, please?* Ook om een ander te verzoeken iets te doen, is het beleefder *could* te gebruiken: 'Kunt u het zout even aangeven?' wordt *Could you pass the salt, please?* Zoals u aan deze voorbeelden al ziet, is het beleefd zulke verzoeken te laten volgen door *please*. Een andere manier om een verzoek uit te drukken is de constructie *I'd like* ..., *please*. Ook kan men, bijvoorbeeld tegen een ober in een restaurant of een winkelbediende, gewoon het gewenste artikel noemen, gevolgd door *please*. 'Twee pils graag' wordt dan *Two lagers, please.*

- De verplichting

Het hulpwerkwoord *should* wordt gebruikt om aan te geven dat de spreker vindt dat iets gedaan moet worden. Het is de toon van de goede raad: *You should always take out travel insurance* (Je zou eigenlijk altijd een reisverzekering moeten afsluiten). U moet echter oppassen met *should*, omdat het ook wordt gebruikt in de betekenis van 'zal/zullen wel': *Fred should be here any minute* betekent hier niet dat Fred zo dadelijk hier moet zijn, maar dat hij zo dadelijk wel hier zal zijn.
Ongeveer even zwaar als *should* zijn de constructies *had better* en *ought to: You'd better/you ought to ask for a receipt* (Je moest maar een bonnetje vragen). Als iets echt verplicht of noodzakelijk is, worden *must* en *have to* gebruikt: *Rooms must be vacated by 11.00 o'clock* (Kamers moeten vóór 11 uur ontruimd zijn); *You have to book your tickets early, or they'll be sold out* (Je moet je kaartjes bijtijds reserveren, anders zijn ze uitverkocht).

1.2 Uitspraak

De correcte uitspraak van een vreemde taal die u niet of nauwelijks kent, is onmogelijk. Wanneer u wilt dat uw Engels gaat klinken als dat van een Engelsman, dan biedt dit boekje u daarbij geen hulp. We zijn er wel in geslaagd om in deze taalgids een uitspraak weer te geven die u gemakkelijk kunt lezen en waarmee u in elk geval begrepen zult worden. Daartoe hebben we een eigen transcriptiesysteem ontwikkeld, dat in alle ***Wat & Hoe***-taalgidsen wordt gebruikt. Het heeft de volgende kenmerken:
- Het is ondubbelzinnig. Daarmee bedoelen we dat één letter altijd één klank weergeeft.
- Het sluit zo veel mogelijk aan bij het Nederlands, dus er komen zo min mogelijk accenten en fonetische tekens in voor.
- De klemtoon van elk woord is aangegeven door onderstreping van de klinker(s).
- Zogenoemde lange klinkers (*aa*, *ee* enzovoort) worden in de uitspraakweergave altijd geschreven als een dubbele klinker. Zogenoemde korte klinkers worden altijd weergegeven met een enkele klinker, dat wil zeggen:

a	als in *af* (hoewel de Engelse uitspraak meer toegaat naar de eerste *a* in *vakantie*, dus een beetje als *aa*)
e	als in *mes*
o	als in *op*

De gebruikte letters en symbolen:

ə als de stomme *e* in *de* of als in het Engelse *about*
D als in *this* (ongeveer tussen een *z* en een *d* in)
ĝ als in *goal*
S als in *thin* (zachtjes blazen, terwijl u de tongpunt tegen de voortanden houdt)

De overige letters klinken als in het Nederlands.

1.3 Handige rijtjes

• Hoe stel je een vraag?

Wie?
Who?
hoe?

Wie is dat?
Who's that?
hoez Det?

Wat?
What?
wot?

Wat is hier te zien?
What's there to see here?
wots Deə toe sie hiə?

Wat voor soort hotel is dat?
What kind of hotel is that?
wot kajnd ov hootel iz Det?

Waar?
Where?
weə?

Waar is het toilet?
Where's the bathroom?
weəz Də bahSroem?

Waar gaat u naartoe?
Where are you going?
weə ah joe ĝoowing?

Waar komt u vandaan?
Where are you from?
weə ah joe from?

Hoe?
How?
hau?

Hoe ver is dat?
How far is that?
hau fahr iz Det?

Hoe lang duurt dat?
How long does that take?
hau long duz Det teek?

Hoe lang duurt de reis?
How long is the trip?
hau long iz Də trip?

Hoeveel?
How much?
hau mutsj?

Hoeveel kost dit?
How much is this?
hau mutsj iz Dis?

Hoe laat is het?
What time is it?
wot tajm iz it?

Welk? Welke? (enkelvoud/meervoud)
Which?
witsj?

Welk glas is voor mij?
Which glass is mine?
witsj ĝlahs iz majn?

Wanneer?
When?
wen?

Wanneer vertrekt u?
When are you leaving?
wen ah joe lieving?

Waarom?
Why?
waj?

Kunt u me ...?
Could you ... me?
koed joe ... mie?

Kunt u me helpen, a.u.b.?
Could you help me, please?
koed joe help mie, pliez?

Kunt u me dat wijzen?
Could you point that out to me?
koed joe pojnt Det aut toe mie?

Kunt u met me meegaan, a.u.b.?
Could you come with me, please?
koed joe kum wiD mie, pliez?

Wilt u ...?
Could you ...?
koed joe ...

Wilt u voor mij kaartjes reserveren, a.u.b.?
Could you reserve some tickets for me, please?
koed joe rizuhv sumtikkits foh mie, pliez?

Weet u ...?
Do you know ...?
doe joe noo ...?

Weet u misschien een ander hotel?
Do you know another hotel, please?
doe joe noo ənuDə hootel, pliez?

Hebt u ...?
Do you have ...?
doe joe hev ...?

Hebt u voor mij een ...?
Do you have a ... for me?
doe joe hev ə ... foh mie?

Hebt u misschien een gerecht zonder vlees?
Do you have a vegetarian dish, please?
doe joe hev ə vedzjiteəriən disj, pliez?

Ik wil graag ...
I'd like ...
ajd lajk ...

Ik wil graag een kilo appels
I'd like a kilo of apples, please
ajd lajk ə kieloo ov eplz, pliez

Mag ik ...?
Can I ...?
ken aj ...?

Mag ik dit meenemen?
Can I take this?
ken aj teek Dis?

Mag ik hier roken?
Can I smoke here?
ken aj smook hiə?

Mag ik wat vragen?
Could I ask you something?
koed aj ahsk joe sumSing?

- **Hoe geef je antwoord?**

Ja, natuurlijk
Yes, of course
jes, ov kohs

Nee, het spijt me
No, I'm sorry
noo, ajm sorrie
Ja, wat kan ik voor u doen?
Yes, what can I do for you?
jes, wot ken aj doe foh joe?
Een ogenblikje, a.u.b.
Just a moment, please
dzjust ə mooomənt, pliez
Nee, ik heb nu geen tijd
No, I don't have time now
noo, aj doont hev tajm nau
Nee, dat is onmogelijk
No, that's impossible
noo, Dets impossibl
Ik geloof het wel
I think so
aj Sink soo
Nee, niemand
no, no-one
noo, noowun
Nee, niets
no, nothing
noo, nuSing
Dat klopt (niet)
That's (not) right
Dets (not) rajt
Dat ben ik (niet) met u eens
I (don't) agree
aj (doont) əĝrie
Dat is goed
All right
ohl rajt
Misschien
Perhaps
pəheps
Ik weet het niet
I don't know
aj doont noo

- Valse vrienden

Valse vrienden zijn twee woorden uit verschillende talen die zo op elkaar lijken, dat je denkt dat ze wel hetzelfde betekenen, maar dat is nie het geval. Ze komen voor in iedere taal. Een paar voorbeelden:

Op vakantie bent u in Groot-Brittannië **on holiday** en in de VS **on vacation**; zeg geen **vacancy** want dat is een *vacature*. Zoekt u een *kaart* of *plattegrond*? Vraag dan naar een **map**; een **card** is immers een *ansicht* of een *visitekaartje*. Uw kaart steekt u in een **folder**, een *mapje*. Uw *caravan* heet in het Amerikaans-Engels een **trailer home**; **caravan** zelf betekent *colonne*. In het Brits-Engels is **caravan** gewoon *caravan*. **No pets allowed!** betekent niet dat u uw *pet* of hoed moet afzetten, maar dat uw *hond* of *kat* niet mee naar binnen mag. Eet u graag **chips**? Bedenk dan dat u in Engeland dan *friet* krijgt; *chips* uit een zakje heten daar **crisps**. Als u zelf graag kokkerelt, gebruik dan **to fry** voor *bakken in de pan* en **to bake** voor *bakken in de oven*. *Gekookte* aardappelen zijn niet **cooked** maar **boiled**; **cooked** betekent dat ze op het vuur hebben gestaan, niet dat ze ook gaar zijn… Als u iemands *panty's* bewondert, noem ze in het Verenigd Koninkrijk dan **tights** (en **pantyhose** in de VS), want **panties** betekent *slipje*… Gaat u *eventueel* mee wandelen? Zeg dan niet **eventually**, want dat betekent dat u *uiteindelijk* wel meegaat, maar gebruik **possibly**. Bij fris weer wilt u misschien een *vest* aandoen; in Engeland is een **vest** een *hemd* (in de VS is **vest** onderdeel van een kostuum) dus zeg liever **cardigan**. Als uw sterrenbeeld *Maagd* is, bent u **Virgo**; **Virgin** is alleen *maagd* in de fysieke betekenis. Hebt u onlangs nog *gesolliciteerd*? Gebruik dan **to apply**; **to solicit** wordt gebruikt als dames van lichte zeden *zich aanbieden*.

• Wat staat er op dat bordje?

beware of the dog	pas op voor de hond
casualties	eerste hulp
clearance	opruiming
closed	gesloten
closing-down sale	opheffingsuitverkoop
counter service only	bediening aan de bar
danger	gevaar
dentist's surgery	praktijk tandarts
do not disturb	niet storen, a.u.b.
emergency brake	noodrem
emergency exit	nooduitgang
engaged	bezet
enquire within	binnen meer informatie
entrance	ingang
escalator	roltrap
exit	uitgang
fire escape	brandtrap
fire extinguisher	brandblusser

fire hazard	brandgevaar
first aid	eerste hulp
... floor	... verdieping
for hire	te huur
for sale	te koop
full	vol
gents/gentlemen	heren (wc)
high voltage	hoogspanning
hospital	ziekenhuis
information	inlichtingen
keep off the grass	verboden op het gras te lopen
ladies	dames (wc)
mind the step	let op het afstapje
mind your head	stoot uw hoofd niet
no change given	geen teruggave van wisselgeld
no entry	verboden toegang
no litter	verboden afval te laten liggen
no open fires	open vuur verboden
no pets allowed	huisdieren niet toegestaan
no smoking	verboden te roken
opening hours	openingstijden
out of order	defect
pay here	kassa
please do not touch	niet aanraken
please take one	gratis mee te nemen
private	privé
pull/push	trekken/duwen
queue here	wacht hier in de rij
request stop	halte op verzoek
reserved	gereserveerd
sale	uitverkoop
surgery	praktijk huisarts
Tourist Information	VVV
underground	metro
wet paint	pas geverfd

1.4 Datum, tijd en getallen

- Vandaag of morgen?

Welke dag is het vandaag?
What day is it today?
wot dee iz it tədee?

Vandaag is het maandag
Today's Monday
tədeez mundee

Morgen is het dinsdag
Tomorrow's Tuesday
təmorrooz tjoezdee

Overmorgen is het woensdag
The day after tomorrow is Wednesday
Də dee aftə təmorrooz wenzdee

Gisteren was het donderdag
Yesterday was Thursday
jestədee wəz Suhzdee

Eergisteren was het vrijdag
The day before yesterday was Friday
Də dee bifoh jestədee wəz frajdee

Is het vandaag zaterdag?
Is today Saturday?
iz tədee settədee?

We vertrekken aanstaande zondag
We're leaving next Sunday
wiə lieving nekst sundee

in januari
in January
in dzjenjərie

sinds februari
since February
sins febrie

maart
March
mahtsj

april
April
eepril

mei
May
mee

juni
June
dzjoen

juli
July
dzjoelaj

augustus
August
ohgəst

september
September
septembə

oktober
October
oktoobə

november
November
novembə

december
December
disembə

in de lente
in the spring
in Də spring

in de zomer
in the summer
in Də summə

in de herfst
in the autumn
in Die ohtəm

in de winter
in the winter
in Də wintə

de 21e eeuw
the 21st (twenty-first) century
Də twentie fuhst sentsjərie

De hoeveelste is het vandaag?
What's the date today?
wots Də deet tədee?

Vandaag is het de 24e
Today's the 24th
tədeez Də twentifohS

's morgens
in the morning
in Də mohning

's middags
in the afternoon
in Die ahftənoen

's avonds
in the evening
in Die ievning

's nachts
at night
et najt

vanmorgen
this morning
Dis mohning

vanmiddag
this afternoon
Dis ahftənoen

vanavond
this evening
Dis ievning

vannacht (komende nacht)
tonight
tənajt

vannacht (afgelopen nacht)
last night
lahst najt

deze week
this week
Dis wiek

volgende maand
next month
nekst munS

vorig jaar
last year
lahst jiə

aanstaande ...
next ...
nekst ...

over ... dagen/weken
in ... days/weeks
in ... deez/wieks

over ... maanden/jaar
in ...months/years
in ... munSs/jiəz

... weken geleden
... weeks ago
... wieks əĝoo

vrije dag
day off
dee of

• Hoe laat is het?

Hoe laat is het?
What time is it?
wot tajm iz it?

Het is 9.00 uur
It's nine o'clock
its najn əklok

Het is 10.05 uur
It's five past ten
its fajv pahst ten

Het is 11.15 uur
It's a quarter past eleven
its ə kwohtə pahst ilevn

Het is 12.20 uur
It's twenty past twelve
its twentie pahst twelv

Het is 13.30 uur
It's half past one
its hahf pahst wun

Het is 14.35 uur
It's twenty-five to three
its twentifajv toe Srie

Het is 15.45 uur
It's a quarter to four
its ə kwohtə toe foh

Het is 16.50 uur
It's ten to five
its ten toe fajv

Het is 12.00 uur 's middags
It's 12 noon
its twelv noen

Het is 12.00 uur 's nachts
It's midnight
its midnajt

een half uur
half an hour
hahf ən auwə

Hoe laat?
What time?
wot tajm?

Hoe laat kan ik langskomen?
What time can I come round?
wot tajm ken aj kum raund?

Om ...
At ...
et ...

Na ...
After ...
ahftə ...

Voor ...
Before ...
bifoh ...

Tussen ... en ...
Between ... and ...
bitwien ... end ...

Van ... tot ...
From ... to ...
from ... toe ...

Over ... minuten
In ... minutes
in ... minnits

Over ... uur
In ... hours
in ... auwəz

Over een kwartier
In a quarter of an hour
in ə kwohtə ov ən auwə

Over drie kwartier
In three quarters of an hour
in Srie kwohtəz ov ən auwə

te vroeg/laat
early/late
uhlie/leet

op tijd
on time
on tajm

zomertijd
summertime
summətajm

wintertijd
wintertime
wintətajm

0	zero	*ziə roo*
1	one	*wun*
2	two	*toe*
3	three	*Srie*
4	four	*foh*
5	five	*fajv*
6	six	*siks*
7	seven	*sevn*
8	eight	*eet*
9	nine	*najn*
10	ten	*ten*
11	eleven	*ilevn*
12	twelve	*twelv*
13	thirteen	*Suhtien*
14	fourteen	*fohtien*
15	fifteen	*fiftien*
16	sixteen	*sikstien*
17	seventeen	*sevntien*
18	eighteen	*eetien*
19	nineteen	*najntien*
20	twenty	*twentie*
21	twenty-one	*twentiwun*
22	twenty-two	*twentitoe*
30	thirty	*Suhtie*
31	thirty-one	*Suhtiwun*
32	thirty-two	*Suhtitoe*
40	forty	*fohtie*
50	fifty	*fiftie*
60	sixty	*sikstie*
70	seventy	*sevntie*
80	eighty	*eetie*
90	ninety	*najntie*
100	a hundred	*ə hundrid*
101	a hundred and one	*ə hundrid en wun*
110	a hundred and ten	*ə hundrid en ten*
120	a hundred and twenty	*ə hundrid en twentie*
200	two hundred	*toe hundrid*

300	three hundred	*Srie hundrid*
400	four hundred	*foh hundrid*
500	five hundred	*fajv hundrid*
600	six hundred	*siks hundrid*
700	seven hundred	*sevn hundrid*
800	eight hundred	*eet hundrid*
900	nine hundred	*najn hundrid*
1000	a thousand	*ə Sauznd*
1100	eleven hundred	*ilevn hundrid*
2000	two thousand	*toe Sauznd*
10.000	ten thousand	*ten Sauznd*
100.000	a hundred thousand	*ə hundrid Sauznd*
miljoen	a million	*a milliən*
1e	first	*fuhst*
2e	second	*seknd*
3e	third	*Suhd*
4e	fourth	*fohS*
5e	fifth	*fifS*
6e	sixth	*siksS*
7e	seventh	*sevnS*
8e	eighth	*eetS*
9e	ninth	*najnS*
10e	tenth	*tenS*
11e	eleventh	*ilevnS*
12e	twelfth	*twelfS*
13e	thirteenth	*SuhtienS*
14e	fourteenth	*fohtienS*
15e	fifteenth	*fiftienS*
16e	sixteenth	*sikstienS*
17e	seventeenth	*sevntienS*
18e	eighteenth	*eetienS*
19e	nineteenth	*najntienS*
20e	twentieth	*twentiəS*
21e	twenty-first	*twentifuhst*
22e	twenty-second	*twentiseknd*
30e	thirtieth	*SuhtiəS*
100e	hundredth	*hundridS*
1000e	thousandth	*SauzəndS*

een maal
once
wuns
twee maal
twice
twajs
en een half
and a half
ənd ə hahf
het dubbele
double
dubl
de helft
half
hahf
een kwart
a quarter
ə kwohtə
een derde
a third
ə Suhd
een paar, een aantal, enkele
a couple, a few, some
ə kupl, ə fjoe, sum
2 + 4 = 6
two plus four is six
toe plus foh iz siks
4 – 2 = 2
four minus two is two
foh majnəs toe iz toe
2 × 4 = 8
two times four is eight
toe tajmz foh iz eet
4 : 2 = 2
four divided by two is two
foh divajdid baj toe iz toe
even/oneven
even/odd
ievn/od
(in) totaal
total
tootl
We zijn met zijn tweeën
There are two of us
Deər ah toe ov us

De groep bestaat uit drie personen
There are three of us
Deər ah Srie ov us

1.5 Persoonlijke gegevens

achternaam
surname
suhneem

voornaam/voornamen
first/Christian name(s)
fuhst/kristsjən neem(z)

voorletters
initials
innisjlz

adres (straat/nummer)
address (street/number)
ədres (striet/numbə)

postcode/woonplaats
postal code/town
poostal kood/taun

geslacht (m/v)
sex (male/female)
seks (meel/fiemeel)

nationaliteit
nationality
nesjənellətie

geboortedatum
date of birth
deet ov buhS

geboorteplaats
place of birth
plees ov buhS

beroep
occupation
okjoepeesjn

gehuwd/ongehuwd
married/single
merried/sing-ĝl

samenwonend/gescheiden
living together/divorced
living toeĝeDə/divohst

weduwe/weduwnaar
widow/widower
widdoo/widdooə

(aantal) kinderen
(number of) children
(numbər ov) tsjildrən

nummer identiteitsbewijs (paspoort/rijbewijs)
identity card (passport/driving licence) number
ajdentitie kahd/pahspoht/drajving lajsns numbə

plaats en datum van afgifte
place and date of issue
plees en deet ov isjoe

(mobiele-)telefoonnummer
(mobile) telephone
(moobajl) tellэfoon

e-mailadres
e-mail address
ie-meel ədres

website
website
websajt

weblog
weblog
weblog

2 Praktische zaken

2.1 Bank

Waar is hier ergens een bank/een wisselkantoor?
Where can I find a bank/an exchange office around here?
weə ken aj fajnd ə benk/ən ikstsjeendzj offis əraund hiə?

Kan ik hier deze ... inwisselen?
Can I cash this ... here?
ken aj kesj Dis ... hiə?

Kan ik hier pinnen?
Can I use my cash card here?
ken aj joez maj kesj kahd hiə?

Kan ik hier met een creditcard geld opnemen?
Can I withdraw money on my credit card here?
ken aj wiDdroh munnie on maj kreddit kahd hiə?

Hoeveel provisie moet ik betalen?
How much commission do I have to pay?
hau mutsj kommisjən doe aj hev toe pee?

Waar moet ik tekenen?
Where do I sign?
weə doe aj sajn?

Kan ik kleinere biljetten krijgen?
Could I have smaller notes, please?
koed aj hev smohlə noots, pliez?

Ik zoek een geldautomaat
Where is there a cash dispenser around here?
weə iz Deə ə kesj dispensə əraund hiə?

Wat is het minimum/maximum?
What's the minimum/maximum amount?
wots Də minniməm/meksiməm əmaunt?

Mag ik ook minder opnemen?
Can I take out less than that?
ken aj teek aut les Den Det?

Dit zijn de gegevens van mijn bank in Nederland/België
These are the details of my bank in Holland/Belgium
Diez ah Də dieteelz ov maj benk in holland/beldzjəm

Dit is mijn bankrekeningnummer
This is my bank account/girobank number
Dis iz maj bengk əkaunt/dzjajroobenk numbə

Ik wil graag geld wisselen
I'd like to change some money
ajd lajk toe tsjeendzj sum munnie
euro tegen ...
euros into ...
joerooz intoe ...
Wat is de wisselkoers?
What's the exchange rate?
wots Die ikstsjeendzj reet?
Kunt u me ook wat kleingeld geven?
Could you give me some small change with it?
koed joe ĝiv mie sum smohl tsjeendzj wiD it?
Dit klopt niet
This is not right
Dis iz not rajt

Sign here, please	U moet hier tekenen
Fill this out, please	U moet dit invullen
Could I see your passport, please?	Mag ik uw paspoort zien?
Could I see some identification, please?	Mag ik uw identiteitsbewijs zien?
Could I see your bank pass, please?	Mag ik uw bankpasje zien?

2.2 Post

parcels	pakjes
stamps	postzegels

Ik ben op zoek naar een postkantoor
Could you tell me where I can find a post office around here?
koed joe tel mie weə aj ken fajnd ə poost offis əraund hiə?
Is hier een brievenbus in de buurt?
Could you tell me where I can find a postbox around here?
koed joe tel mie weə aj ken fajnd ə poosboks əraund hiə?
Bij welk loket kan ik geld wisselen?
Which counter should I go to to change money?
witsj kauntə sjoed aj ĝoo toe toe tsjeendzj munnie?
Moet ik hier zijn voor een telefonische overboeking?
Which counter should I go to for a Telegraph Money Order?
witsj kauntə sjoed aj ĝoo toe foh ə telliĝrahf munnie ohdə?

Poste restante
Poste restante
poost ristent

Is er post voor mij? Mijn naam is ...
Is there any mail for me? My name's ...
iz Deə ennie meel foh mie? maj neem iz ...

Hoeveel moet er op een ... naar ...?
What's the postage for a ... to ...?
wots Də poostidzj foh ə ... toe ...?

Zit er genoeg aan postzegels op?
Are there enough stamps on it?
ah Deə inuf stemps on it?

Ik wil graag ... postzegels van ...
I'd like ... ... pence stamps
ajd lajk ... ... pens stemps

Ik wil dit pakket per expresse versturen
I'd like to send this parcel by special delivery
ajd lajk toe send Dis pahsəl baj spesjl dillivrie

Ik wil deze ansichtkaart per luchtpost versturen
I'd like to send this picture postcard by air mail
ajd lajk toe send Dis piksjə poostkahd baj eə meel

Ik wil deze brief aangetekend versturen
I'd like to send this letter by registered mail
ajd lajk toe send Dis lettə baj redzjistəd meel

Kan ik hier fotokopiëren/faxen?
Do you have a photocopier/fax machine here?
doe joe hev ə footookoppiə/feks məsjien hiə?

Hoeveel kost het per pagina?
How much is it per page?
hau mutsj iz it puh peedzj?

2.3 Telefoon

Is hier ergens een telefooncel in de buurt?
Is there a phone box around here?
iz Deə ə foon boks əraund hiə?

Is hier ook een munttelefoon?
Is there a coin box around here?
iz Deə ə kojn boks əraund hiə?

Mag ik van uw telefoon gebruikmaken?
Could I use your phone, please?
koed aj joez joh foon, pliez?

Mag ik mijn mobiele telefoon hier even opladen?
Can I charge my mobile here?
ken aj tsjahdzj maj moobajl hiə?

Hebt u een telefoonoplader te leen?
Can I borrow a charger?
ken aj borroo ə tsjahdzjə?

Mijn beltegoed is op
My credit is finished
maj kreddit iz finisjt

Heb je bluetooth op je telefoon?
Is there bluetooth on your mobile?
iz Deə bloetoeS on joə moobajl?

Hoe synchroniseer ik mijn telefoon via bluetooth?
How do I synchronize my mobile via bluetooth?
hau doe aj sinkronajz maj moobajl vajə bloetoeS?

Hebt u een telefoongids van de stad .../de streek ...?
Do you have a(n) ... phone directory of the city .../the district ...?
doe joe hev ə(n) ... foon dajrektrie əv Də sittie.../Də distrikt...?

Waar kan ik een telefoonkaart/prepaidkaart kopen?
Where can I get a phone card/pre-paid card?
weə ken aj ĝet ə foon kahd/prie-peed kahd?

Kunt u me helpen aan het nummer van informatie buitenland?
Could you give me the number for international directory enquiries?
koed joe ĝiv mie Də numbə foh intənesjnəl dajrektrie inkwajəriez?

Kunt u mij het nummer van kamer ... geven?
Could you give me the number of room ...?
koed joe ĝiv mie Də numbə ov roem ...?

Wat is het internationale toegangsnummer?
Could you give me the international access code?
koed joe ĝiv mie Die intənesjnəl ekses kood?

Kunt u me helpen aan het landnummer van ...?
Could you give me the country code for ...?
koed joe ĝiv mie Də kuntrie kood foh ...?

Ik ben op zoek naar het kengetal van ...
Could you give me the trunk code for ...?
koed joe ĝiv mie Də trunk kood foh ...?

Kunt u me helpen aan het abonneenummer van ...?
Could you give me the number of ...?
koed joe ĝiv mie Də numbə ov ...?

Kunt u nagaan of dit nummer correct is?
Could you check if this number's correct?
koed joe tsjek if Dis numbəz kərekt?

Moet ik eerst een nul toetsen?
Do I have to press '0' first?
doe aj hev toe pres oo fuhst?

Wilt u het volgende nummer voor me bellen?
Could you dial this number for me, please?
koed joe dajəl Dis numbə foh mie, pliez?

Kunt u me doorverbinden met .../toestel ...?
Could you put me through to .../extension ..., please?
koed joe poet mie Sroe toe .../ikstensjn ..., pliez?

Ik wil graag een collect call met ...
I'd like to place a reverse-charge call to ...
ajd lajk toe plees ə rivuhs-tsjahdzj kohl toe ...

Wat kost het per minuut?
What's the charge per minute?
wots Də tsjahdzj puh minnit?

Heeft er iemand voor mij gebeld?
Have there been any calls for me?
hev Deə bien ennie kohls foh mie?

Ik kreeg een antwoordapparaat/voicemail
I got their answering service/voicemail
aj ĝot Deə ahnsəring suhvis/vojsmeel

- Het telefoonalfabet

a	*ee*	for Andrew	*foh endroe*
b	*bie*	for Benjamin	*foh bendzjəmin*
c	*sie*	for Charlie	*foh tsjahlie*
d	*die*	for David	*foh deevid*
e	*ie*	for Edward	*foh edwəd*
f	*ef*	for Frederick	*foh fredrik*
g	*dzjie*	for George	*foh dzjohdzj*
h	*eetsj*	for Harry	*foh herrie*
i	*aj*	for Isaac	*foh ajzək*
j	*dzjee*	for Jack	*foh dzjek*
k	*kee*	for King	*foh king*
l	*el*	for Lucy	*foh loesie*
m	*em*	for Mary	*foh meərie*
n	*en*	for Nelly	*foh nellie*
o	*oo*	for Oliver	*foh ollivə*
p	*pie*	for Peter	*foh pietə*

q	*kjoe*	for Queenie	*foh kwienie*
r	*ah*	for Robert	*foh robbət*
s	*es*	for Sugar	*foh sjoeə*
t	*tie*	for Tom	*foh tom*
u	*joe*	for Uncle	*foh unkl*
v	*vie*	for Victor	*foh viktə*
w	*dubbljoe*	for William	*foh williəm*
x	*eks*	for Xmas	*foh krisməs*
y	*waj*	for Yellow	*foh jelloo*
z	*zed*	for Zebra	*foh zebrə*

- Het gesprek

Hallo, u spreekt met ...
Hello, this is ...
helloo, Dis iz ...

Met wie spreek ik?
Who is this, please?
hoez Dis, pliez?

Spreek ik met ...?
Is this ...?
iz Dis...?

Sorry, ik heb het verkeerde nummer getoetst
I'm sorry, I've made a mistake
ajm sorrie, ajv meed ə misteek

Ik kan u niet verstaan
I can't hear you
aj kahnt hiə joe

Ik wil graag spreken met ...
I'd like to speak to ...
ajd lajk toe spiek toe ...

Is er iemand die Nederlands spreekt?
Is there somebody who speaks Dutch?
iz Deə sumboddie hoe spieks dutsj?

Mag ik toestel ... van u?
Extension ..., please
ikstensjn ..., pliez

Wilt u vragen of hij/zij me terugbelt?
Could you ask him/her to call me back?
koed joe ahsk him/huh toe kohl mie bek?

Mijn naam is ... Mijn nummer is ...
My name's ... My number's ...
maj neemz ... maj numbər iz ...

Wilt u zeggen dat ik gebeld heb?
Could you tell him/her I called?
koed joe tel him/huh aj kohld?
Ik bel hem/haar morgen terug
I'll call back tomorrow
ajl kohl bek təmorroo

There's a phone call for you	Er is telefoon voor u
You have to press '0' first	U moet eerst een nul toetsen
One moment, please	Hebt u een momentje?
There's no answer	Ik krijg geen gehoor
The line's engaged	Het toestel is bezet
Do you want to hold?	Wilt u wachten?
Putting you through	Ik verbind u door
You've got a wrong number	U hebt een verkeerd nummer
He's/she's not here right now	Hij/zij is op het ogenblik niet aanwezig
He'll/she'll be back ...	Hij/zij is ... weer te bereiken
This is the answering machine of ...	Dit is het automatisch antwoordapparaat van ...

2.4 Internet

Waar kan ik toegang tot internet krijgen?
Where can I get access to the internet?
weə ken aj ĝet ekses toe Di intənet?
Is er (gratis) draadloos internet?
Do you have (free) wireless internet?
doe joe hev(frie) wajləs intənet?
Wat is het wachtwoord om internetverbinding te krijgen?
What is the password to get on the internet?
wots Də pahswuhd tə get on Di intənet?
Is er een internetcafé?
Is there an internet cafe?
iz Deə ən intənet keffee?
Waar kan ik mijn e-mail bekijken?
Where can I open my e-mail?
weə ken aj oopn maj iemeel?
Hoeveel kost het gebruik van een computer per halfuur/uur?
How much is the use of a computer per half hour/hour?
hau mutsj iz Də joes ov ə kompjoetə puh hahf auə/auə?

2.5 Foto en video

Ik ben op zoek naar een geheugenkaart voor deze camera
Have you got a memory card for this camera?
hev joe got ə memrie kahd fə Dis kemrə?

Ik wil graag een geheugenkaart van ... MB/GB
I'd like a memory card of ... MB/GB
ajd lajk ə memrie kahd əv ... embie/dzjiebie

Hoeveel foto's kan ik met deze geheugenkaart maken?
How many pictures can I take with this memory card?
hau mennie pikstjəz ken aj teek wiD Dis memrie kahd?

Ik wil graag een nieuwe accu voor deze camera
Can I have a new battery for this camera, please?
ken aj hev ə njoe bettrie fə Dis kemrə, pliez?

Hebt u ook wegwerpcamera's?
Have you got disposable cameras?
hev joe ĝot dispoozəbl kemrəz?

Ik ben op zoek naar mini-DV-tapes/ dvd's voor deze camera
Have you got mini-DV-tapes/dvd's for this camera?
hev joe got minie dievie teeps/ dievidiez fə Dis kemrə?

Hebt u ook AA/AAA-batterijen?
Have you got AA/AAA batteries?
hev joe got ee ee/ee ee ee bettriez?

Hebt u ook knoopcelbatterijen?
Have you got battery cells?
hev joe got bettrie selz?

Hebt u ook oplaadbare batterijen?
Have you got lithium batteries?
hev joe got liSiəm bettriez?

Ik zoek een batterijoplader
I'd like to have a battery charger
ajd lajk tə hev ə bettrie tsjahdzjə

Ik wil graag pasfoto's laten maken
I'd like to have some passport photos taken
ajd lajk toe hev sum pahspoht footooz teekən

• Problemen

Mijn camera doet het niet, kunt u hem repareren?
My camera is not working, can you repair it, please?
maj kemrə iz not wuhking, ken joe ripeə it, pliez?

De geheugenkaart zit vast, kunt u hem er voor mij uithalen?
The memory card is stuck, could you get it out for me, please?
Də memrie kahd iz stuk, koed joe get it aut fə mie, pliez?

De lens gaat niet open
The lens does not open
Də lens duz not oopən

Moet ik de batterijen vervangen?
Should I replace the batteries?
sjoed aj riplees Də betriez?

De flitser doet het niet
The flash isn't working
Də flesj iznt wuhking

Hoe lang gaat de reparatie duren?
How long is it going to take to repair?
hau long iz it goowing toe teek toe repeə?

• Afdrukken en opslaan

Ik wil afdrukken maken van digitale bestanden
I'd like to have prints made of digital files
ajd lajk toe hev prints meed ov didzjitl fajlz

Ik wil graag foto's op een cd/dvd zetten
I'd like to store photos on a cd/dvd
ajd lajk toe stoh footooz on ə siedie/dieviedie

Kunt u de foto's van mijn camera op deze USB-stick zetten?
Could you transfer the photos on my camera to this USB-stick?
koed joe trensfuh Də footooz on maj kemrə toe Dis joe es bie stik?

Kunt u ... afdrukken van elke foto voor me maken?
I'd like ... prints from each negative
ajd lajk … prints from ietsj neĝĝətiv

glanzend/mat
glossy/mat(t)
ĝlossie/met

10 × 15 (tien bij vijftien)
four by six (inches)
foh baj siks (intsjəz)

Ik wil deze foto laten vergroten
I'd like to have this photo enlarged
ajd lajk toe hev Dis footoo inlahdzjd

Hoe duur is het afdrukken?
How much is printing?
hau mutsj iz printing?

Wanneer zijn ze klaar?
When will they be ready?
wen wil Dee bie reddie?

2.6 Het weer

Wordt het mooi/slecht weer?
Is the weather going to be good/bad?
iz Də weDə ĝoowing toe bie ĝoed/bed?

Hoeveel graden wordt het?
How many degrees is it going to be?
hau mennie diĝriez iz it ĝoowing toe bie?

Gaat het regenen?
Is it going to rain?
iz it ĝoowing toe reen?

Wordt er storm verwacht?
Is there going to be a storm?
iz Deə ĝoowing toe bie ə stohm?

Gaat het morgen sneeuwen?
Is it going to snow?
iz it ĝoowing toe snoo?

Verwacht u dat het gaat vriezen?
Is there going to be a frost?
iz Deə goowing tə bie ə frost?

Gaat het dooien?
Is the thaw setting in?
iz Də Soh setting in?

Is er mist voorspeld?
Is it going to be foggy?
iz it ĝoowing toe bie foĝĝie?

Komt er onweer?
Is there going to be a thunderstorm?
iz Deə ĝoowing toe bie ə Sundəstohm?

Het weer slaat om
The weather's changing
Də weDəz tsjeendzjing

Het koelt af
It's cooling down
its koeling daun

Wat voor weer wordt het vandaag/morgen?
What's the weather going to be like today/tomorrow?
wots Də weDə ĝoowing toe bie lajk tədee/təmorroo?

Blijft het zo?
Is it going to stay like this?
iz it ĝoowing toe stee lajk Dis?

... degrees (above/below zero)	... graden (boven/onder nul)
black ice	ijzel
chilly	kil
clear	onbewolkt
cloudy	bewolkt
cold	koud
drizzle	motregen
fine	mooi
fog	mist
frost	vorst
hot	heet
mild	zacht
muggy	benauwd
overcast	betrokken
rain	regen
shower	regenbui
snow	sneeuw
squalls	rukwinden
sunny	zonnig
thunderstorm	onweersbui
wet	regenachtig

• Een praatje over het weer

Wat is het warm/koud vandaag!
It's so hot/cold today!
its soo hot/koold tədee!

Lekker weer, hè?
Nice weather, isn't it?
najs weDə, iznt it?

Wat een wind/storm!
It's so windy/what a storm!
its soo windie/wot ə stohm!

Wat een regen/sneeuw!
All that rain/snow!
ohl Det reen/snoo!

Is het hier al lang zulk weer?
Has the weather been like this for long here?
hez Də weDə bien lajk Dis foh long hiə?

Is het hier altijd zo warm/koud?
Is it always this hot/cold here?
iz it ohlweez Dis hot/koold hiə?
Is het hier altijd zo droog/nat?
Is it always this dry/wet here?
iz it ohlweez Dis draj/wet hiə?
Bij ons regent het vaak
We often have rainy weather
wie ofən hev reenie weDə

2.7 Veiligheid

Is dat een veilige wijk om te bezoeken?
Is it safe to visit that area?
is it seef toe vizit Det eəriə?
Kan ik daar als vrouw alleen naartoe?
Can a woman go there unaccompanied?
ken ə woemən ĝoo Deə unəkumpənied?
Kan ik hier 's avonds veilig over straat?
Is it safe to go out at night here?
is it seef toe goo aut et najt Deə?
Is het (kraan)water drinkbaar?
Is the (tap)water safe to drink?
iz Də tepwohtə seef toe drink?
De treinen rijden niet vanwege een verdacht pakketje
There's no train service today because of a suspicious package
Deəz noo treen suhvis toedee bikohz əv ə suspisjəs pekkidzj
Het hotel wordt ontruimd vanwege een bommelding
The hotel will be evacuated because of a bomb scare
Də hootel wil bie ievekjoe-eetid bikohz əv ə bom skeə
Zitten hier gevaarlijke wilde dieren?
Are there dangerous wild animals about?
ah Deə deendzjərəs wajld enniməlz əbaut?
Komen hier vaak aardbevingen/vulkaanuitbarstingen voor?
Do you often get earthquakes/volcanic eruptions here?
doe joe oftən get uhSkweeks/volkennik irupsjənz hiə?
Is er kans op een overstroming/lawine?
Is there a risk of a flood or an avalanche?
iz Deər ə risk ov ə flud oh ən evəlansj?
Kan ik in deze omgeving veilig liften?
Is it safe to thumb a lift here?
iz it seef toe Sum ə lift hiə?

Zijn hier malariamuggen?
Are there malaria mosquitoes here?
ah Deə məleəriə moskietooz hiə?

Zijn deze naalden steriel?
Have these needles been sterilized?
hev Diez niedlz bien sterilajzd?

Is het hier veilig om te kamperen?
Is this a safe camping area?
iz Dis ə seef kemping eəriə?

Moeten we nog bepaalde voorzorgsmaatregelen nemen?
Do we have to take special precautions?
doe wie hev toe teek spesjl prikohsjənz?

3 Ontmoetingen

3.1 Algemeen

- Dank u wel

Bedankt/dank u wel
Thank you
Senk joe

Geen dank/graag gedaan
You're welcome
joh welkəm

Heel hartelijk dank
Thank you very much
Senk joe verrie mutsj

Erg vriendelijk van u
Very kind of you
verrie kajnd ov joe

Het was me een waar genoegen
I enjoyed it very much
aj indzjojd it verrie mutsj

Dank u voor de moeite
Thank you for your trouble
Senk joe foh joh trubl

Dat had u niet moeten doen
You shouldn't have
joe sjoednt hev

Dat zit wel goed, hoor
That's all right
Dets ohl rajt

- Pardon

Pardon
Pardon
pahdn

Sorry!
Sorry!
sorrie!

Sorry, ik wist niet dat ...
I'm sorry, I didn't know ...
ajm sorrie, aj didnt noo ...

Neemt u me niet kwalijk
Pardon me
pahdn mie
Het spijt me
I'm sorry
ajm sorrie
Ik deed het niet expres, het ging per ongeluk
I didn't do it on purpose, it was an accident
aj didnt doe it on puhpəs, it woz ən eksidənt
Dat geeft niet, hoor
That's all right
Dets ohl rajt
Laat maar zitten
Never mind
nevə majnd
Dat kan iedereen overkomen
It could've happened to anyone
it koed əv heppənd toe enniwun

- Feliciteren en condoleren

Gefeliciteerd met uw verjaardag/naamdag
Congratulations on your birthday/name-day
kənĝretsjəleesjnz on joh buhSdee/neem dee
(Nog) de beste wensen
All the best
ohl Də best
Gecondoleerd
Please accept my condolences
pliez eksept maj kəndooləns iz
Ik vind het heel erg voor u
I'm very sorry for you
ajm verrie sorrie foh joe

3.2 Iemand aanspreken

Dag meneer Smith
Hello Mr Smith
helloo mistə smiS
Dag mevrouw Jones
Hello Mrs Jones
helloo missiz dzjoonz
Hallo Peter
Hello Peter
helloo pietə

Hoi Helen
Hi Helen
haj hellən

Goedemorgen mevrouw
Good morning madam
ĝoed mohning meddəm

Goedemiddag meneer
Good afternoon sir
ĝoed ahftənoen suh

Goedenavond
Good evening
ĝoed ievning

Hoe gaat het ermee?
How are you?
hau ah joe?

Goed, en met u?
Fine, thank you, and you?
fajn, Sengk joe, en joe?

Uitstekend
Very well
verrie wel

Niet zo goed
Not very well
not verrie wel

Gaat wel
Not too bad
not toe bed

Mag ik u wat vragen?
Could I ask you something?
koed aj ahsk joe sumSing?

Neemt u me niet kwalijk
Excuse me
ikskjoez mie

Pardon, kunt u me helpen?
Excuse me, could you help me?
ikskjoez mie, koed joe help mie?

Ja, wat is er aan de hand?
Yes, what's the problem?
jes, wots Də probləm?

Wat kan ik voor u doen?
What can I do for you?
wot ken aj doe foh joe?

Sorry, ik heb nu geen tijd
Sorry, I don't have time now
sorrie, aj doont hev tajm nau

Hebt u een vuurtje?
Do you have a light?
doe joe hev ə lajt?

Mag ik een foto van u maken?
May I take a picture of you?
mee aj teek ə p<u>i</u>ksjə ov joe?

Mag ik bij u komen zitten?
May I join you?
mee aj dzjojn joe?

Wilt u een foto van mij/ons maken? Dit knopje indrukken
Could you take a picture of me/us? Press this button
koed joe teek ə p<u>i</u>ktsjə ov mie/us? pres Dis butn

Laat me met rust
Leave me alone
liev mie əl<u>oo</u>n

Als u niet weggaat, ga ik gillen
Go away or I'll scream
ĝoo əw<u>ee</u> or ajl skriem

Ik wil nu graag alleen zijn
I'd like to be alone now
ajd lajk toe bie əl<u>oo</u>n nau

3.3 Zich voorstellen

- Wie bent u?

Mag ik me even voorstellen?
May I introduce myself?
mee aj intrədj<u>oe</u>s majself?

Ik heet ...
My name's ...
maj neemz ...

Ik ben ...
I'm ...
ajm ...

Hoe heet u?
What's your name?
wots joh neem?

Mag ik u even voorstellen?
May I introduce ...?
mee aj intrədj<u>oe</u>s ...?

Dit is mijn vrouw/dochter/moeder/vriendin
This is my wife/daughter/mother/girlfriend
Dis iz maj wajf/d<u>o</u>htə/m<u>u</u>Də/ĝ<u>u</u>hlfrend

Dit is mijn man/zoon/vader/vriend
This is my husband/son/father/boyfriend
Dis iz maj huzbənd/sun/fahDə/bojfrend

Hallo, leuk u te ontmoeten
Nice to meet you
nais tə miet joe

Aangenaam (kennis te maken)
Pleased to meet you
pliezd toe miet joe

Bent u getrouwd?
Are you married?
ah joe merried?

Heb je een vaste vriend(in)?
Do you have a steady boyfriend/girlfriend?
doe joe hev ə steddie bojfrend/ĝuhlfrend?

Dat gaat je niets aan
That's none of your business
Dets nun ov joh biznis

Ik ben getrouwd
I'm married
ajm merried

Ik ben vrijgezel
I'm single
ajm sing-ĝl

Ik ben gescheiden (van tafel en bed)
I'm separated
ajm seppəreetid

Ik ben gescheiden (officieel)
I'm divorced
ajm divohst

Ik ben weduwe/weduwnaar
I'm a widow/widower
ajm ə widdoo/widdoowə

Ik woon alleen/samen
I live alone/with someone
aj liv əloon/wiD sumwun

Hebt u kinderen/kleinkinderen?
Do you have children/grandchildren?
doe joe hev tsjildrən/ĝrentsjildrən?

Hoeveel kinderen hebt u?
How many children have you got?
hau mennie tsjildrən hev joe ĝot?

Wat een leuk kind!
What a lovely child!
wot ə luvlie tsjajld!

Is het een jongen of een meisje?
Is it a boy or a girl?
iz it ə boj oh ə ĝuhl?
Hij lijkt op u/uw man
She/he looks like you/your husband
sjie loeks lajk joe/joh huzbənd
Zij lijkt op u/uw vrouw
She looks like you/your wife
sjie loeks lajk joe/joh wajf
Hoe heet uw zoon/dochter?
What's your son/daughter called?
wots joh sun/dohtə kohld?
Hoe oud bent u?
How old are you?
hau oold ah joe?
Hoe oud is zij/hij?
How old is she/he?
hau oold iz sjie/hie?
Ik ben ... jaar oud
I'm ...
ajm ...
Zij/hij is ... jaar oud
She's/he's ...
sjiez/hiez ...
Wat voor werk doet u?
What do you do for a living?
wot doe joe doe fər ə living?
Ik werk op een kantoor
I work in an office
aj wuhk in ən offis
Ik studeer/zit op school
I'm a student
ajm ə stjoednt
Ik doe vrijwilligerswerk
I do voluntary work
aj doe voluntrie wuhk
Ik ben werkloos
I'm unemployed
ajm unimplojd
Ik ben gepensioneerd
I'm retired
ajm ritajəd
Ik ben arbeidsongeschikt
I'm on a disability pension
ajm on ə disəbillətie pensjn

Ik ben huisvrouw/huisman
I'm a housewife/ a house husband
ajm ə hauswajf/haushuzbənd

Vindt u uw werk leuk?
Do you like your job?
doe joe lajk joh dzjob?

Soms wel, soms niet
Most of the time
moost ov Də tajm

Meestal wel, maar vakantie is leuker
Most of the time, but holidays are better
moost ov Də tajm, but hollideez ah bettə

Wat voor geloof hebt u?
What's your religion?
wots joə rilidzjən?

Ik ben boeddhist
I'm a Buddhist
ajm ə boedist

Ik ben katholiek
I'm a Roman Catholic
ajm ə rooman keSəlik

Ik ben protestant
I'm a Protestant
ajm ə prottəstənt

Ik ben hindoe
I'm a Hindu
ajm ə hindoe

Ik ben joods
I'm Jewish
ajm dzjoeisj

Ik ben moslim
I'm a Muslim
ajm ə muslim

Ik ben ..., maar niet praktiserend
I'm (a) ... but I don't practise my faith
ajm (ə) ... but aj doont prektis maj feeS

• Waar komt u vandaan?

Waar komt u vandaan?
Where are you from?
weə ah joe from?

Ik kom uit Nederland/België/Vlaanderen
I'm from Holland/Belgium/Flanders
ajm from hollənd/beldzjəm/flahndəz

In welke stad woont u?
What city do you live in?
wot sittie doe joe liv in?

In ... Dat is dicht bij ...
In ..., which is near ...
in ..., witsj is niə ...

Hoe bent u hier gekomen?
How did you get here?
hau did joe ĝet hiə?

• Wat doet u hier?

Wat doet u hier?
What are you here for?
wat ah joe hiə foh?

Ik ben op doorreis/rondreis
I'm passing through/I'm on a tour
ajm pahsing Sroe/ajm on ə toh

Ik ben op wereldreis/huwelijksreis
I'm on a world tour/on my honeymoon
ajm on ə wuhld toh/on maj hunniemoen

Ik volg een taalcursus en wil daarom graag Engels met u praten
I'm doing a language course, so I'd like to speak English with you
ajm doeing ə leng-ĝwidzg kohs, soo ajd lajk toe spiek ing-ĝlisj wiD joe

Ik ben op een cruise
I'm on a cruise
ajm on ə kroez

Ik doe een groepsreis
I'm on a party trip
ajm on ə pahtie trip

Ik ben op zakenreis
I'm on a business trip
ajm on ə biznis trip

Ik ben hier op vakantie/om te werken
I'm here on holiday/I've got a job here
ajm hiə on hollidee/ajv ĝot ə dzjob hiə

Ik studeer hier
I'm at university here
ajm et joenivuhsitie hiə

• Hoe lang blijft u hier?

Hoe lang blijft u hier?
How long will you be staying here?
hau long wil joe bie steejing hiə?

We vertrekken (waarschijnlijk) morgen/over twee weken
We're (probably) leaving tomorrow/in two weeks
wiə (probəblie) lieving təmorroo/in toe wieks

Bent u hier al lang?
Have you been here long?
hev joe bien hiə long?

Een paar dagen
A few days
ə fjoe deez

• Waar logeert u?

Waar logeert u?
Where are you staying?
weə ah joe steeing?

In een hotel/appartement
In a hotel/an apartment
in ə hootel/ən əpahtmənt

Op een camping
At a camp site
et ə kemp sajt

In huis bij vrienden/familie
With friends/relatives
wiD frenz/rellətivz

Ik ben een vriend van ...
I'm a friend of ...
ajm ə frend ov ...

• Met wie reist u?

Bent u hier alleen/met uw gezin?
Are you here on your own/with your family?
ah joe hiə on joh oon/wiD joh femməlie?

Ik ben alleen
I'm on my own
ajm on maj oon

Ik reis met mijn partner/vrouw/man
I'm with my partner/wife/husband
ajm wiD maj pahtnə/wajf/huzbənd

Ik ben hier met mijn gezin
I'm with my family
ajm wiD maj femməlie

Ik ben op reis met een vriend/een vriendin/vrienden
I'm with a friend/friends
ajm wiD ə frend/frendz

3.4 Elkaar begrijpen

Ik spreek geen/een beetje ...
I don't speak any/I speak a little ...
aj doont spiek ennie/aj spiek ə litl ...

Ik ben Nederlander/Nederlandse
I'm Dutch
ajm dutsj

Ik ben Belg/Belgische
I'm Belgian
ajm beldzjən

Ik ben Vlaming/Vlaamse
I'm Flemish
ajm flemmisj

Spreekt u Frans/Duits/Spaans?
Do you speak French/German/Spanish?
doe joe spiek frentsj/dzjuhmən/spenisj?

Is er iemand die ... spreekt?
Is there someone who speaks ...?
iz Deə sumwun hoe spieks ...?

Wat zegt u?
I beg your pardon?
aj beĝ joh pahdn?

Ik begrijp het (niet)
I (don't) understand
aj (doont) undəstend

Begrijpt u mij?
Do you understand me?
doe joe undəstend mie?

Wilt u dat a.u.b. herhalen?
Could you repeat that, please?
koed joe ripiet Det, pliez?

Kunt u wat langzamer praten?
Could you talk more slowly, please?
koed joe tohk moh sloolie, pliez?

Wat betekent dat/dat woord?
What does that (word) mean?
wot duz Det (wuhd) mien?

Kunt u dat voor me opschrijven?
Could you write that down for me, please?
koed joe rajt Det daun foh mie, pliez?

Kunt u dat voor me spellen?
Could you spell that for me, please?
koed joe spel Det foh mie, pliez?

Kunt u dat in deze taalgids aanwijzen?
Could you point that out in this phrasebook, please?
koed joe pojnt Det aut in Dis freez boek, pliez?
Een ogenblik, ik moet het even opzoeken
One moment, please, I have to look it up
wun moomənt, pliez, aj hev toe loek it up
Ik kan het woord/de zin niet vinden
I can't find the word/the sentence
aj kahnt fajnd Də wuhd/Də sentəns
Hoe zeg je dat in het Engels?
How do you say that in English?
hau doe joe see Det in ing-ĝlisj?
Hoe spreek je dat uit?
How do you pronounce that?
hau doe joe prənauns Det?

3.5 Hobby's

Hebt u hobby's?
Do you have any hobbies?
doe joe hev ennie hobbiez?
Ik houd van fotograferen/uitgaan
I like photography/going out on the town
aj lajk fətoĝrəfie/ĝoowing aut on Də taun
Ik lees graag
I like reading
aj lajk rieding
Ik ben gek op ...
I love ...
aj luv ...
Ik houd van muziek
I like music
aj lajk mjoezik
Ik houd van gitaar-/pianospelen
I like playing the guitar/piano
aj lajk pleejing Də ĝitah/pi-ennoo
Ik speel graag computergames
I like playing computer games
aj lajk pleeing kəmpjoetə ĝeemz
Ik ga graag naar de film/het theater
I like going to the movies/ the theatre
aj lajk ĝoowing toe Də moeviez/Də Siətə
Ik ga vaak naar concerten
I often go to concerts
aj oftən ĝoo toe konsəts

Ik reis/sport graag
I like travelling/sports
aj lajk trevling/spohts
Ik ga vaak vissen/wandelen op zondag
On Sundays I often go fishing/walking
on sundeez aj oftən ĝoo fisjing/wohking
Ik voetbal/tennis regelmatig
I play football/tennis on a regular basis
aj plee foetbohl/tennis on ə reĝjoelə beesis

3.6 Een mening geven

Wat hebt u liever?
Which do you prefer?
witsj doe joe prifuh?
Wat vind je ervan?
What do you think?
wot doe joe Sink?
Houd je niet van dansen?
Don't you like dancing?
doont joe lajk dahnsing?
Het maakt mij niets uit
I don't mind
aj doont majnd
Goed zo!
Well done!
wel dun!
Niet slecht!
Not bad!
not bed!
Uit de kunst!
Great!
ĝreet!
Heerlijk!
Wonderful!
wundəfl!
Wat is het hier gezellig!
It's really nice here!
its riəlie najs hiə!
Ik vind het mooi/niet mooi
I like it/don't like it
aj lajk it/doont lajk it
Wat leuk/mooi!
How nice!
hau najs!

Wat fijn voor u!
How nice for you!
hau najs foh joe!

Ik ben (niet) erg tevreden over ...
I'm (not) very happy with ...
ajm (not) verrie heppie wiD ...

Ik ben blij dat ...
I'm glad ...
ajm ĝled ...

Ik amuseer me prima
I'm having a great time
ajm hevving ə ĝreet tajm

Ik verheug me erop
I'm looking forward to it
ajm loeking fohwəd toe it

Ik hoop dat het lukt
I hope it works out
aj hoop it wuhks aut

Wat afschuwelijk!
That's terrible!
Dets terribl!

Wat jammer!
What a pity!
wot ə pittie!

Wat een onzin/flauwekul!
What a load of rubbish!
wot ə lood ov rubbisj!

Ik houd niet van ...
I don't like ...
aj doont lajk ...

Ik verveel me kapot
I'm bored to death
ajm bohd toe deS

Ik heb er genoeg van
I've had enough
ajv hed inuf

Dat kan zo niet
This is no good
Dis iz noo ĝoed

Ik had iets heel anders verwacht
I was expecting something completely different
aj woz ikspekting sumSing kəmplietlie difrənt

3.7 Een compliment geven

Wij hebben heerlijk gegeten
That was a wonderful meal
Det woz ə wundəfl miəl

Het heeft ons voortreffelijk gesmaakt
The food was excellent
Də foed woz eksələnt

Vooral de ... was erg lekker
The ... in particular was delicious
Də ... in pətikjələ woz dilisjəs

Wat ziet u er goed uit!
You look wonderful!
joe loek wundəfl!

Mooie auto!
I like your car!
aj lajk joh kah!

Leuk skipak!
I like your ski outfit!
aj lajk joh skie autfit!

Je bent een lieve jongen/meid
You're a sweet boy/girl
joh ə swiet boj/ĝuhl

Wat een lief kindje!
What a sweet child!
wot ə swiet tsjajld!

U danst heel goed
You're a wonderful dancer!
joh ə wundəfl dahnsə!

U bent een voortreffelijke kok
You're a wonderful cook!
joh ə wundəfl koek!

U voetbalt fantastisch
You're a terrific soccer player!
joh ə təriffik sokkə pleejə!

3.8 Iets aanbieden

Mag ik u iets te drinken aanbieden?
Can I offer you a drink?
ken aj offə joe ə drink?

Wat wil je drinken?
What would you like to drink?
wot woed joe lajk toe drink?

Graag iets zonder alcohol
Something non-alcoholic, please
sumSing nonnelkəhollik, pliez
Wilt u een sigaret/sigaar?
Would you like a cigarette/cigar?
woed joe lajk ə siĝĝəret/siĝah?
Nee dank u, ik rook niet
No, thank you, I don't smoke
noo, Sengk joe, aj doont smook

3.9 Uitnodigen

Heb je vanavond iets te doen?
Are you doing anything tonight?
ah joe doewing enniSing tənajt?
Hebt u al plannen voor vandaag/vanmiddag?
Do you have any plans for today/this afternoon?
doe joe hev ennie plenz foh tədee/Dis ahftənoen?
Heb je zin om met mij uit te gaan?
Would you like to go out with me?
woed joe lajk toe ĝoo aut wiD mie?
We zouden naar het strand kunnen gaan?
Would you like to come to the beach with me?
woed joe lajk toe kum toe Də bietsj wiD mie?
Wil je met ons mee naar de stad?
Would you like to come into town with us?
woed joe lajk toe kum intoe taun wiD us?
Heb je zin om met ons naar vrienden te gaan?
Would you like to come and see some friends with us?
woed joe lajk toe kum ənd sie sum frendz wiD us?
Zullen we dansen?
Shall we dance?
sjel wie dahns?
Zullen we iets gaan drinken?
Let's get something to drink
lets ĝet sumSing toe drink
Zullen we een eindje gaan lopen/rijden?
Let's go for a walk/drive?
lets ĝoo foh ə wohk/drajv?
Ga je mee fietsen?
Come for a bicycle ride?
kum fər ə bajsikl rajd?
Ja, dat is goed
Yes, all right
jes, ohl rajt

Goed idee
Good idea
ĝoed ajdiə

Nee (bedankt)
No (thank you)
noo (Senk joe)

Straks misschien
Maybe later
meebie leetə

Daar heb ik geen zin in
I don't feel like it
aj doont fiel lajk it

Ik heb geen tijd
I don't have time
aj doont hev tajm

Ik heb al een andere afspraak
I already have a date
aj ohlreddie hev ə deet

Ik kan niet dansen/zwemmen
I'm not very good at dancing/swimming
ajm not verrie ĝoed et dahnsing/swimming

3.10 Iets afspreken

Wanneer zie ik je weer?
When will I see you again?
wen wil aj sie joe əĝen?

Hebt u in het weekend tijd?
Are you free over the weekend?
ah joe frie oovə Də wiekend?

Wat zullen we afspreken?
What shall we arrange?
wot sjel wie əreendzj?

Zullen we nog eens iets afspreken?
Let's meet again
lets miet əĝen

Waar zullen we elkaar treffen?
Where shall we meet?
weə sjel wie miet?

Kom je mij/ons halen?
Will you pick me/us up?
wil joe pik mie/us up?

Zal ik je ophalen?
Shall I pick you up?
sjel aj pik joe up?

Ik moet om ... uur thuis zijn
I have to be home by ...
aj hev toe bie hoom baj ...
Ik spreek liever niet meer af
I'd rather not meet again
ajd raDə not miet əĝen
Ik wil je niet meer zien
I don't want to see you anymore
aj doont wont toe sie joe ennimoh

3.11 Iemand versieren

Ik vind het fijn om bij je te zijn
I like being with you
aj lajk biejing wiD joe
Ik heb je zo gemist
I've missed you so much
ajv mist joe soo mutsj
Ik heb van je gedroomd
I dreamt about you
aj dremt əbaut joe
Ik moet de hele dag aan je denken
I think about you all day
aj Sink əbaut joe ohl dee
Je lacht zo lief
You have such a sweet smile
joe hev sutsj ə swiet smajl
Je hebt zulke mooie ogen
You have such beautiful eyes
joe have sutsj bjoetifl ajz
Ik ben verliefd op je
I'm in love with you
ajm in luv wiD joe
Ik ook op jou
I'm in love with you too
ajm in luv wiD joe toe
Ik houd van jou
I love you
aj luv joe
Ik ook van jou
I love you too
aj luv joe toe
Ik heb niet zulke sterke gevoelens voor jou
I'm not very attracted to you
ajm not verrie ətrektid toe joe

Ik heb al een vriend/vriendin
I already have a boyfriend/girlfriend
aj ohlreddie hev ə bojfrend/ĝuhlfrend

Ik ben nog niet zover
I'm not ready for that
ajm not reddie foh Det

Het gaat me veel te snel
This is going too fast for me
Dis iz ĝoowing toe fahst foh mie

Blijf van me af
Take your hands off me
teek joh hendz of mie

Oké, geen probleem
Okay, no problem
ookee, noo probləm

Ik bel je morgen
I'll call you tomorrow
ajl kohl joe təmorroo

Blijf je vannacht bij me?
Will you stay with me tonight?
wil joe stee wiD mie tənajt?

• Seks

Ik wil graag met je naar bed
I'd like to go to bed with you
ajd lajk toe ĝoo toe bed wiD joe

Alleen met een condoom
Only if we use a condom
oonlie if wie joez ə kondom

We moeten voorzichtig zijn vanwege aids/soa
We have to be careful about AIDS/STD
wie hev toe bie keəfl əbaut eedz/es tie die

Dat zeggen ze allemaal
That's what they all say
Dets wot Dee ohl see

Laten we geen risico nemen
We shouldn't take any risks
wie sjoednt teek ennie risks

Heb je een condoom?
Do you have a condom?
doe joe hev ə kondom?

Nee? Dan doen we het niet
No? In that case we won't do it
noo? in Det kees wie woont doe it

Kus me
Kiss me
kis mie
Vind je dit lekker?
Does that feel good?
duz Det fiel ĝoed?
Dat vind ik niet prettig!
I don't like that
aj doont lajk Det
Doe je ... uit
Take your ... off
teek joh ... of
Dat was lekker
That was lovely
Det woz luvlie

3.12 Afscheid nemen

Ik ga maar eens
I'd better be going
ajd bettə bie ĝoowing
Ik moet ervandoor. Er wordt op mij gewacht.
I have to be going. Someone's waiting for me
aj hev toe bie ĝoowing. sumwunz weeting foh mie
Dag!
Bye!
baj!
Tot ziens
Goodbye
ĝoedbaj
Tot later
See you later
sie joe leetə
Tot zo
See you in a little while
sie joe in ə litl wajl
Welterusten
Good night
ĝoed najt
Goedenacht
Good night
ĝoed najt
Het beste
All the best
ohl Də best

Veel plezier
Have fun
hev fun

Veel geluk
Good luck
ĝoed luk

Prettige vakantie
Have a nice holiday
hev ə najs hollidee

Goede reis
Have a good trip
hev ə ĝoed trip

Bedankt, insgelijks
Thank you, you too
Senk joe, joe toe

De groeten aan ...
Say hello to ... for me
see helloo toe ... foh mie

Mag ik je naar huis brengen?
Can I take you home?
ken aj teek joe hoom?

Mag ik je schrijven/bellen?
Can I write/call you?
ken aj rajt/kohl joe?

Kan ik je e-mailen/sms'en?
Can I e-mail/text you?
ken aj iemeel/tekst joe?

Schrijf/bel je mij?
Will you write/call me?
wil joe rajt/kohl mie?

Ik moet morgen naar huis
I'm leaving tomorrow
ajm lieving toemorroo

Ik zal je missen
I'll miss you
ajl mis joe

We houden toch wel contact?
We'll keep in touch, won't we?
wiel kiep in tutsj, woont wie?

Zullen we contact houden via Facebook?
Shall we keep in touch by Facebook?
shel wie kiep in tutsj baj feesboek?

Houd je een weblog bij?
Do you have a weblog?
doe joe hev ə webloĝ?

Ik geef u een visitekaartje
I give you my visiting card
aj ĝiv joe maj vizziting kahd

Hebt u pen en papier?
Have you got something to write on?
hev joe ĝot sumSing toe rajt on?

Mag ik je (e-mail)adres/telefoonnummer?
Can I have your (e-mail) address/phone number?
ken aj hev joh (ie-meel) ədres/foon numbə?

Bedankt voor alles
Thanks for everything
Senks foh evriSing

Het was erg leuk
It was very nice
it woz verrie najs

Doe de groeten aan ...
Say hello to ...
see helloo toe ...

Ik wens je het allerbeste
All the best
ohl Də best

Veel succes verder
Good luck
ĝoed luk

Wanneer kom je weer?
When will you be back?
wen wil joe bie bek?

Ik wacht op je
I'll be waiting for you
ajl bie weeting foh joe

Ik zou je graag nog eens terugzien
I'd like to see you again
ajd lajk toe sie joe əĝen

Ik hoop dat we elkaar gauw weer zien
I hope we meet again soon
aj hoop wie miet əĝen soen

Ik stuur de foto's naar u toe
I'll send you the photographs
ajl send joe De footoografs

Ik zet de foto's wel op Facebook/Flickr
I'll put the pictures on Facebook/Flickr
ajl poet Də piksjəz on feesboek/flikr

Ik geloof niet dat het klikt tussen ons
I don't think we are made for each other
aj doont Singk wie ah meed foh ietsj uDə

Ik wil onze relatie beëindigen/het uitmaken

I think it would be best if we broke up

aj Singk it woed bie best if wie brook up

Dit is ons adres. Als u ooit in Nederland/België/Vlaanderen bent ...

This is our address. If you're ever in Holland/Belgium/Flanders ...

Dis iz auə ədres. if joh evə in hollənd/beldzjəm/flahndəz ...

U bent van harte welkom

You'd be more than welcome

joed bie moh Den welkəm

Leuk u te hebben ontmoet/met u te hebben gesproken

Nice to have met you/to have talked to you

najs toe hev met joe/toe hev tohkt toe joe

Ik bel/mail/sms u

I'll phone you/mail you/text you

ajl foon joe/meel joe/tekst joe

4 Onderweg

4.1 De weg vragen

Pardon, mag ik u iets vragen?
Excuse me, could I ask you something?
ikskjoez mie, koed aj ahsk joe sumSing?

Ik ben de weg kwijt
I've lost my way
ajv lost maj wee

Weet u een ... in de buurt?
Is there a(n) ... around here?
iz Deə ə(n) ... əraund hiə?

Is dit de weg naar ...?
Is this the way to ...?
iz Dis Də wee toe ...?

Kunt u me zeggen hoe ik naar ... moet lopen/fietsen?
Could you tell me how to get to ...on foot/by bike?
koed joe tel mie hau toe ĝet toe ... on foet/baj bajk?

Hoe kom ik daar het snelst met de auto?
What's the most direct route there?
wots Də moost dajrekt roet Deə?

Hoe kom ik het snelst in ...?
What's the quickest way to ...?
wots Də kwikkist wee toe ...?

Hoeveel kilometer is het nog naar ...?
How many kilometres is it to ...?
hau mennie kilommitəz iz it toe ...?

Kunt u het op de kaart aanwijzen?
Could you point it out on the map?
koed joe pojnt it aut on Də mep?

Mijn navigatiesysteem is kapot, kunt u me vertellen hoe ik in ... kom?
My navigation system has broken down, could you tell me how I get to ...?
maj neviĝeesjn sistəm hez brookn daun, koed joe tel mie hau aj get toe ...?

- **Waar?**

hier/daar
here/there
hiə/Deə

ergens/nergens
somewhere/nowhere
sumweə/noowweə

overal
everywhere
evriweə

ver weg/dichtbij
far away/nearby
fah əwee/niəbaj

naar rechts/links
right/left
rajt/left

rechts/links van
to the right/left of
toe Də rajt/left ov

rechtdoor
straight ahead
street əhed

via
via
vajə

in
in
in

op
on
on

onder
under
undə

tegen
against
əĝenst

tegenover
opposite
oppəzit

naast
next to
nekst toe

bij
near
niə

voor
in front of
in frunt ov

in het midden
in the centre
in Də sentə

naar voren
forward
fohwəd

beneden/naar beneden
down
daun

boven/naar boven
up
up

binnen/naar binnen
inside
insajd

buiten/naar buiten
outside
autsajd

achter
behind
bihajnd

vooraan
at the front
et Də frunt

achteraan
at the back
et Də bek

in het noorden
in the north
in Də nohS

naar het zuiden
to the south
toe Də sauS

uit het westen
from the west
from Də west

van het oosten
from the east
from Die iest

ten noorden van
north of
noS ov

I don't know, I don't know my way around here	Ik weet het niet, ik ben hier niet bekend
You're going the wrong way	U zit verkeerd
You have to go back to ...	U moet terug naar ...
From there on just follow the signs	Daar wijzen de borden u verder
When you get there, ask again	Daar moet u het opnieuw vragen
straight	rechtdoor
left	linksaf
right	rechtsaf
turn	afslaan
follow	volgen
cross	oversteken
the intersection	de kruising
the street	de straat
the traffic light	het verkeerslicht
the tunnel	de tunnel
the 'give way' sign	het verkeersbord 'voorrangskruising'
the building	het gebouw
on the corner	op de hoek
the river	de rivier
the fly-over	het viaduct
the bridge	de brug
the level crossing/the railroad barriers	de spoorwegovergang/de spoorbomen
the sign pointing to ...	het bord richting ...
the arrow	de pijl

4.2 Douane

Your passport, please	Uw paspoort, a.u.b.
Your green card, please	De groene kaart, a.u.b.
Your registration, please	Het kentekenbewijs, a.u.b.
Your visa, please	Uw visum, a.u.b.
Where are you heading?	Waar gaat u naartoe?
How long are you planning to stay?	Hoe lang bent u van plan te blijven?
Do you have anything to declare?	Hebt u iets aan te geven?
Open this, please	Wilt u deze openmaken?
Take off your belt	Doe uw riem af
Take off your shoes	Doe uw schoenen uit
What's inside this?	Wat zit hierin?
Did you pack your suitcase yourself?	Hebt u uw tas zelf ingepakt?

Mijn kinderen zijn bijgeschreven in dit paspoort
My children are entered in this passport
maj tsjildrən ah entəd on Dis pahspoht

Ik ben op doorreis
I'm travelling through
ajm trevling Sroe

Ik ga op vakantie naar ...
I'm going on holiday to ...
ajm ĝoowing on hollidee toe ...

Ik ben op zakenreis
I'm on a business trip
ajm on ə biznis trip

Ik weet nog niet hoe lang ik blijf
I don't know how long I'll be staying yet
aj doont noo hau long ajl bie steejing jet

Ik ben van plan een paar dagen te blijven
I'll be staying here for a few days
ajl bie steejing hiə foh ə fjoe deez

Ik blijf hier twee weken
I'll be staying here for two weeks
ajl bie steejing hiə foh toe wieks

Ik heb niets aan te geven
I've got nothing to declare
ajv ĝot nuSing toe dikleə

Ik heb een slof sigaretten bij me
I've got a carton of cigarettes with me
ajv ĝot ə kahtən ov siĝĝərets wid mie

Ik heb een fles ... bij me
I've got a bottle of ... with me
ajv ĝot ə botl ov ... wid mie

Ik heb enkele souvenirs bij me
I've got some souvenirs with me
ajv ĝot sum soevəniəz wiD mie

Dit zijn persoonlijke spullen
These are personal effects
Diez ah puhsnəl ifekts

Dat is mijn tas niet
This is not my bag
Dis iz not maj beĝ

Mag ik mijn tas nu weer inpakken?
Can I pack my bag again?
ken aj pek maj beĝ əĝen?

Deze spullen zijn niet nieuw
These are not new
Diez ah not njoe

Hier is de bon
Here's the receipt
hiəz Də risiet

Dit is voor eigen gebruik
This is for private use
Dis iz foh prajvit joes

Hoeveel moet ik aan invoerrechten betalen?
How much import duty do I have to pay?
hau mutsj impoht djoetie doe aj hev

Mag ik nu gaan?
Can I go now?
ken aj ĝoo nau?

Ik wil graag mijn ambassade/consulaat bellen
I'd like to call the Dutch/Belgian embassy/consulate
ajd lajk toe kohl Də dutsj/beldzjən embəsie/konsjoelət

4.3 Bagage

Waar kan ik een bagagewagentje vinden?
Where can I find a luggage trolley?
weə ken aj fajnd ə luĝĝidzj trollie?

Kan ik deze bagage in bewaring geven?
Could you store this luggage for me?
koed joe stoh Dis luĝĝidzj foh mie?

Waar zijn de bagagekluizen?
Where are the luggage lockers?
weə ah Də luĝĝidzj lokkəz?

Ik krijg de kluis niet open
I can't get the locker open
aj kahnt ĝet Də lokkə oopən

Hoeveel kost het per stuk per dag?
How much is it per item per day?
hau mutsj iz it puh ajtəm puh dee?

Er ontbreekt nog een tas/koffer
There's one bag/suitcase missing still
Deəz wun beĝ/soetkees missing stil

Mijn koffer is beschadigd
My suitcase is damaged
maj soetkees iz demmidzjd

Mijn koffers zijn niet aangekomen
My suitcases have not come through
maj soetkeesiz hev nut kum Sroe

Mijn tas is gestolen
My bag has been stolen
maj beĝ hez bien stoolən

4.4 De auto

Zie ook de afbeelding op pagina 71.

Mag ik hier parkeren?
Can I park here?
ken aj pahk hiə?

Kan ik hier geld wisselen voor de parkeerautomaat?
Can I get change for the parking metre here?
ken aj get tsjeendzj fə Də pahking mietə hiə?

Hoe hard mag ik hier rijden?
What's the speed limit here?
wots Də spied limit hiə

4.5 Verkeersborden

all directions	alle richtingen
bus lane	rijbaan voor bus
change lane	gebruik andere rijbaan
closed to all traffic	afgesloten voor alle rijverkeer
compulsory route	verplichte rijrichting
cyclists	fietsers
danger	gevaar
dangerous bends	gevaarlijke bochten
dangerous crossing	gevaarlijke kruising
dangerous incline	gevaarlijke helling
dead end (cul-de-sac)	doodlopende weg
diversion	omleiding
dual carriageway	tweebaansweg met gescheiden rijbanen
exit	uitrit (afrit)
factory exit	fabrieksuitgang
falling rock	vallend gesteente
get in lane	voorsorteren
give way	voorrang verlenen
hospital	ziekenhuis
ice on road	ijzel
irregular road surface	slecht wegdek
junction	kruising
keep clear	uitrit vrijlaten
keep left	links houden
keep right	rechts houden
lay-by	parkeerplaats (langs de autoweg)
level crossing	overweg

loose chippings	steenslag
lower your speed	snelheid verminderen
major road	voorrangsweg
meter zone	parkeerzone (parkeerschijf verplicht)
motorway	snelweg
no entry	inrijden verboden
no left turn	verboden linksaf te slaan
no overtaking	verboden in te halen
no parking	verboden te parkeren
no waiting	wachtverbod
oncoming traffic	tegenliggers
one way	eenrichtingsverkeer
other directions	andere richtingen
pedestrian crossing	oversteekplaats voetgangers
pedestrians	voetgangers
ramp	helling
reduce speed now	verminder snelheid
road closed	weg afgesloten
road narrows	wegversmalling
roadworks ahead	werk in uitvoering
slippery road	slipgevaar
slow	langzaam
soft verge	zachte berm
speed limit	maximumsnelheid
speed restriction ends	einde snelheidsbeperking
steep descent	sterke daling
switch on lights	ontsteek uw lichten
through traffic	doorgaand verkeer
town centre	centrum
underground parking garage	ondergrondse parkeergarage
way out	uitgang

4.6 Het benzinestation

Hoeveel kilometer is het naar het volgende benzinestation?
How many kilometres to the next petrol station, please?
hau mennie kilommitəz toe Də nekst petrəl steesjn, pliez?

Ik wil ... liter superbenzine
... litres of 4 star, please
... lietəz ov foh stah, pliez

Auto

1	**accu**	battery	*betrie*
2	**achterlicht**	rear light	*riə lajt*
3	**achteruitkijkspiegel**	rear-view mirror	*riəvjoe mirrə*
	achteruitrijlamp	reversing light	*rivuhsing lajt*
4	**airbag**	airbag	*ehbeg*
5	**antenne**	aerial	*eəriəl*
	autoradio	car radio	*kah reedioo*
6	**benzinetank**	petrol tank	*petrəl tengk*
	bougies	spark plugs	*spahk plugz*
	brandstoffilter	fuel filter	*fjoewəl filtə*
	brandstofpomp	fuel pump	*fjoewəl pump*
7	**buitenspiegel**	wing mirror	*wing mirrə*
8	**bumper**	bumper	*bumpə*
	carburateur	carburettor	*kahbjoerettə*
	carter	crankcase	*krengk-kees*
	cilinder	cylinder	*sillində*
	claxon	horn	*hohn*
	contactpunten	breaker points	*breekə pojnts*
	controlelampje	warning light	*wohning lajt*
	dynamo	dynamo	*dajnəmoo*
	gaspedaal	accelerator	*əksellərеetə*
	handrem	handbrake	*hendbreek*
	klep	valve	*velv*
9	**knalpot**	silencer	*sajlənsə*
	koelwaterleiding	cooling-waterpipe	*koeling-wohtepajp*
10	**kofferbak**	boot	*boet*
11	**koplamp**	headlight	*hedlajt*
	krukas	crank shaft	*krengk sjaft*
12	**luchtfilter**	air filter	*eə filtə*
	mistachterlicht	rear fog lamp	*riə fog lemp*
13	**motorblok**	engine block	*endzjin blok*
	nokkenas	camshaft	*kemsjaft*
	oliefilter	oil filter	*ojl filtə*
	oliepomp	oil pump	*ojl pump*
	oliepeilstok	dipstick	*dipstik*
	ontsteking	ignition	*ignisjən*
	pedaal	pedal	*pedl*
14	**portier**	door	*doh*
15	**radiateur**	radiator	*reedi-eetə*
	remlicht	brake light	*breek lajt*
16	**remschijf**	brake disc	*breek disk*
	reservewiel	spare wheel	*speə wiel*
17	**richtingaanwijzer**	indicator	*indikeetə*
18	**ruit**	window	*windoo*
19	**ruitenwisser**	windscreen wiper	*windskrien wajpə*
20	**schokbreker**	shock absorber	*sjok əbzohbə*
	schuifdak	sunroof	*sunroef*
	spoiler	spoiler	*spojlə*
	startmotor	starter motor	*stahtə mootə*
21	**stuurhuis**	steering column	*stiəring kolləm*
22	**uitlaatpijp**	exhaust pipe	*igzohst pajp*
23	**veiligheidsgordel**	seat belt	*siet belt*
	ventilator	fan	*fen*
24	**verdelerkabel**	distributor cable	*distribjoetə keebl*
25	**versnellingshendel**	gear lever	*giə lievə*
	waterpomp	water pump	*wohtə pump*
26	**wiel**	wheel	*wiel*
27	**wieldop**	hubcap	*hubkep*
	zuiger	piston	*pistən*

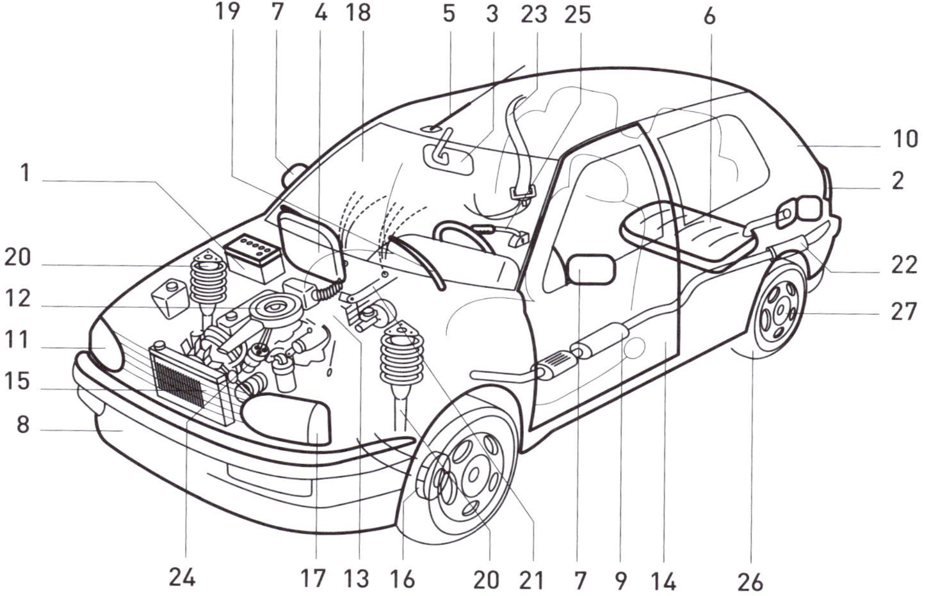
19
7
4
18
5
3
23
25
6
10
2
22
27
1
20
12
11
15
8
24
17
13
16
20
21
7
9
14
26

Ik wil ... liter normale benzine
... litres of 2 star, please
... lietəz of toe stah, pliez

Ik wil ... liter diesel
... litres of diesel, please
... lietəz ov diezl, pliez

Ik wil ... liter loodvrije benzine
... litres of unleaded, please
... lietəz ov unleddid, pliez

Ik wil voor ... pond lpg
... pounds' worth of LPG, please
... paundz wuhS ov el pie dzjie, pliez

Vol, a.u.b.
Fill her up, please
fil huh up, pliez

Wilt u het oliepeil controleren?
Could you check the oil level, please?
koed joe tsjek Die ojl levl, pliez?

Wilt u de bandenspanning controleren?
Could you check the tyre pressure, please?
koed joe tsjek Də tajə presjə, pliez?

Kunt u de olie verversen?
Could you change the oil, please?
koed joe tsjeendzj Die ojl, pliez?

Kunt u de ruiten/de voorruit schoonmaken?
Could you clean the windows/the windscreen, please?
koed joe klien Də windooz/Də windskrien, pliez?

Kan ik mijn auto hier laten wassen?
Could you give the car a wash, please?
koed joe ĝiv Də kah ə wosj, pliez?

4.7 Pech en reparaties

Ik heb pech. Kunt u me even helpen?
I'm having car trouble. Could you give me a hand?
ajm hevving kah trubl. koed joe ĝiv mie ə hend?

Ik sta zonder benzine
I've run out of petrol
ajv run aut ov petrəl

Ik heb de sleuteltjes in de auto laten zitten
I've locked the keys in the car
ajv lokt Də kiez in Də kah

De auto/motorfiets start niet
The car/motorbike won't start
Də kah/mootəbajk woont staht

Het achterlicht van mijn brommer is kapot
The rear light of my moped isn't working
Də riə lajt əv maj mooped iznt wuhking

Hebt u startkabels/een sleepkabel?
Have you got jump leads/a tow cable?
hev joe ĝot dzjump liedz/ə too keebl?

Wilt u me helpen duwen?
Can you help me push?
ken joe help mie poesj?

Weet u een garage/benzinestation in de buurt?
Is there a garage/petrol station anywhere near here?
iz Deə ə ĝerrahzj/petrəl steesjn enniweə niə hiə?

Kunt u voor mij de wegenwacht waarschuwen?
Could you contact the AA for me, please?
koed joe kontekt Die eejee foh mie, pliez?

Kunt u voor mij een garage bellen?
Could you call a garage for me, please?
koed joe kohl ə ĝerrahzj foh mie, pliez?

Kunt u mij een lift geven naar een garage/de stad?
Could you give me a lift to a garage/into town?
koed joe ĝiv mie ə lift toe ə ĝerrahzj/intoe taun?

Kan ik met u meerijden naar een praatpaal?
Could you give me a lift to an emergency phone?
koed joe ĝiv mie ə lift toe ən imuhdzjənsie foon?

Kan mijn (brom)fiets ook mee?
Can we bring my moped/bicycle?
ken wie bring maj mooped/bajsikl?

Kunt u mij naar een garage slepen?
Could you tow me to a garage?
koed joe too mie toe ə ĝerrahzj?

Er is waarschijnlijk iets mis met ...
There's probably something wrong with ...
Deəz probəblie sumSing rong wiD ...

Kunt u het repareren?
Can you fix it?
ken joe fiks it?

Kunt u mijn band plakken?
Could you fix my tyre?
koed joe fiks maj tajə?

Kunt u dit wiel verwisselen?
Could you change this wheel?
koed joe tsjeendzj Dis wiel?

Kunt u het zo repareren dat ik ermee naar ... kan rijden?
Can you fix it so it'll get me to ...?
ken joe fiks it so itl ĝet mie toe ...?

Wanneer is mijn auto/fiets klaar?
When will my car/bicycle be ready?
wen wil maj kah/bajsikl bie reddie?
Kan ik er hier op wachten?
Can I wait for it here?
ken aj weet foh it hiə?
Hoeveel gaat het kosten?
How much will it cost?
hau mutsj wil it kost?
Kunt u de rekening specificeren?
Could you itemize the bill?
koed joe ajtəmajz Də bil?
Mag ik een kwitantie voor de verzekering?
Can I have a receipt for the insurance?
ken aj hev ə risiet foh Die insjohrəns?

It's too dangerous to leave your car here	De auto staat hier te gevaarlijk
You can't leave your car here	U kunt uw auto hier niet achterlaten
I don't have parts for your car/bicycle	Ik heb geen onderdelen voor uw auto/fiets
I have to get the parts from somewhere else	Ik moet de onderdelen ergens anders gaan halen
I have to order the parts	Ik moet de onderdelen bestellen
That'll take half a day	Dat duurt een halve dag
That'll take a day	Dat duurt een dag
That'll take a week	Dat duurt een week
Your car is a write-off	Uw auto is total loss
It can't be repaired	Daar valt niets meer aan te doen
The car/motor bike/moped/bicycle will be ready at ... o'clock	De auto/motor/brommer/fiets is om ... uur klaar

4.8 De fiets

Zie ook de afbeelding op pagina 77.
Kun je hier veilig fietsen?
Is it safe to cycle here?
iz it seif toe sajkl hiə?
Ik ga vandaag ... km fietsen
I'm going to cycle ... kilometres today
ajm goowing toe sajkl ... kilommitəz toedee
Hoeveel km heb jij gefietst vandaag?
How many kilometres have you cycled today?
hau mennie kilommitəz hev joe sajkld tədee?

Mag mijn fiets vannacht binnen staan?
Can I put my bike inside for the night, please?
ken aj poet maj bajk insajd foh Də najt, pliez?

Kan ik mijn fiets hier achterlaten?
Can I leave my bike here?
ken aj liev maj bajk hiə?

Kan ik een tweedehandsfiets kopen?
Do you have a second-hand bike for sale?
doe joe hev ə sekkənd-hend bajk foh seel?

Waar kan ik mijn band laten plakken/fiets laten repareren?
Where can I have my tyre fixed/my bicycle repaired?
weə ken aj hev maj tajə fikst/maj bajsikl ripeəd?

4.9 Vervoermiddel huren

Ik wil graag een ... huren
I'd like to rent a ...
ajd lajk toe rent ə ...

Heb ik daarvoor een (bepaald) rijbewijs nodig?
Do I need a (special) licence for that?
doe aj nied ə (spesjl) lajsns foh Det?

Verhuurt u ook kinderstoeltjes voor in de auto?
Do you have children's car seats for hire?
doe joe hev tsjildrənz kah siets foh hajə?

Ik wil de ... huren voor een dag
I'd like to rent the ... for one day
ajd lajk toe rent Də ... foh wun dee

Wat kost dat per dag/week?
How much is that per day/week?
hau mutsj iz Det puh dee/wiek?

Hoeveel is de borgsom?
How much is the deposit?
hau mutsj iz Də dipozzit?

Mag ik een bewijs dat ik de borgsom betaald heb?
Could I have a receipt for the deposit?
koed aj hev ə risiet foh Də dipozzit?

Hoeveel toeslag komt er per kilometer bij?
How much is the surcharge per kilometre?
hau mutsj is Də suhtsjahdzj puh kilommitə?

Is de benzine erbij inbegrepen?
Does that include petrol?
duz Det inkloed petrəl?

Zit de verzekering bij de prijs in?
Does that include insurance?
duz Det inkloed insjohrəns?

Fiets

1	**achterlicht**	rear light	*riə lajt*
	achterwiel	rear wheel	*riə wiel*
2	**as**	axle	*eksl*
3	**bagagedrager**	(luggage) carrier	*(luĝĝidzj) kerriə*
4	**balhoofd**	fork head	*fohk hed*
5	**bel**	bell	*bel*
	binnenband	inner tube	*innə tjoeb*
	buitenband	tyre	*tajə*
6	**crank**	crank	*krengk*
7	**derailleur**	derailleur	*direeljə*
	draadje	wire	*wajə*
	dynamo	dynamo	*dajnəmoo*
8	**fietspomp**	bicycle pump	*bajsikl pump*
	frame	frame	*freem*
	jasbeschermer	dress guard	*dres ĝahd*
9	**ketting**	chain	*tsjeen*
10	**kettingkast**	chain guard	*tsjeen ĝahd*
	kilometerteller	milometer	*majlommitə*
	kinderzitje	child's seat	*tsjaildz siet*
11	**knijprem**	handlebar brake	*hendlbah breek*
12	**koplamp**	headlight	*hedlajt*
	lampje	bulb	*bulb*
13	**pedaal**	pedal	*pedl*
14	**reflector**	reflector	*riflektə*
15	**remblokje**	break pad	*breek ped*
16	**remkabel**	brake cable	*breek keebl*
17	**slot**	lock	*lok*
	snelbinder	carrier strap	*kerriə strep*
18	**spaak**	spoke	*spook*
19	**spatbord**	mudguard	*mudĝahd*
20	**stuur**	handlebar	*hendlbah*
21	**tandwiel**	chain wheel	*tsjeen wiel*
22	**trapas**	crank axle	*krengk eksl*
	trommelrem	drum brake	*drum breek*
23	**velg**	rim	*rim*
24	**ventiel**	valve	*velv*
	ventielslangetje	valve tube	*velv tjoeb*
	versnellings-kabel	gear cable	*ĝiə keebl*
25	**voorvork**	fork	*fohk*
26	**wiel**	wheel	*wiel*
27	**zadel**	seat	*siet*

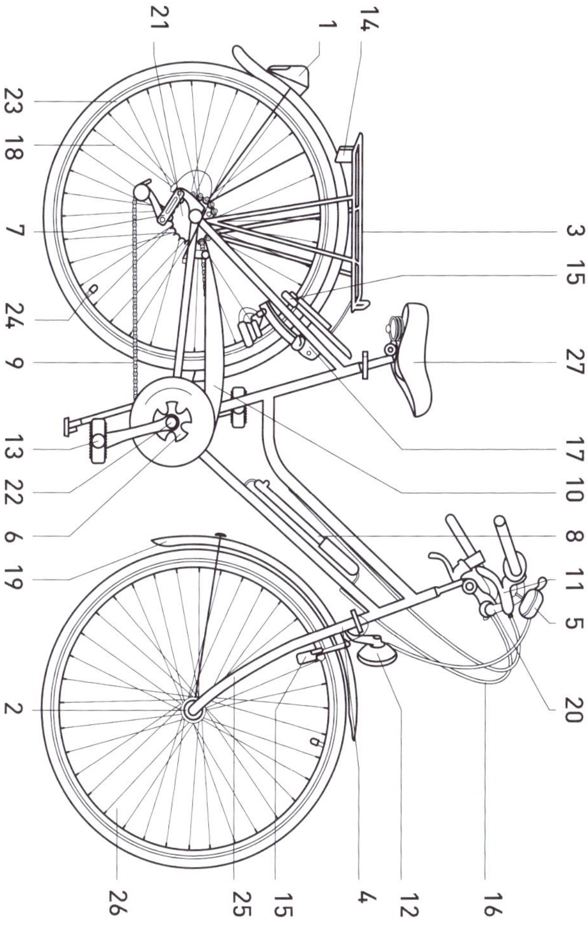
3
15
27
17
10
8
11
5
20
16
12
4
15
25
26
2
19
6
22
13
9
24
7
18
23
21
1
14

Hoeveel kost het afkopen van het eigen risico?
How much is the own-risk waiver?
hau mutsj iz Di oon-risk weevə?

Zijn de kilometers vrij?
Are the kilometres included?
ah Də kilommitəz inkloedid?

Hoe laat kan ik de ... morgen ophalen?
What time can I pick the ... up tomorrow?
wot tajm ken aj pik Də ... up təmorroo?

Wanneer moet ik de ... terugbrengen?
When does the ... have to be back?
wen duz Də ... hev toe bie bek?

Waar zit de tank?
Where's the petrol tank?
weəz Də petrəl tenk?

Wat voor brandstof moet erin?
What sort of fuel does it take?
wot soht ov fjoewəl duz it teek?

Heeft deze auto voldoende vermogen om in de bergen te rijden?
Is this car's engine strong enough to drive in a mountain area?
iz Diz kahz endzjin strong inuf toe drajv in ə mauntin eəriə?

Welke versnelling kan ik het beste gebruiken in de bergen?
What's the best gear to use in the mountains?
wats Də best giə toe drajv in Də mauntinz?

Deze auto is wel erg groot/klein, is er nog een andere beschikbaar?
This car is rather big/small, do you have another one available?
Dis kah iz rahDə biĝ/smohl, doe joe hev ənuDə wan əveeləbl?

Zit er airconditioning/een cd-speler in de auto?
Is there air conditioning/a CD player in the car?
iz Deə eə kəndisjəning/ə siedie pleejə in Də kah?

Zit er gps/een navigatiesysteem in de auto?
Does the car have GPS/a navigation system?
duz Də kah hev dzjie pie es/ə neviĝeesjn sistəm?

Kunt u het zadel verhogen?
Can you raise the saddle?
ken joe reez Də sedl?

Kunt u het stuur verlagen?
Can you lower the handlebar?
ken joe loowə Də hendlbah?

Moet ik een helm dragen?
Do I have to wear a helmet?
doe aj hev toe weə ə helmit?

4.10 Liften

Waar gaat u naartoe?
Where are you heading?
weə ah joe hedding?

Mag ik zo ver mogelijk met u meerijden?
Can I come along all the way?
ken aj kum əlong ohl Də wee?

Mag mijn vriend/vriendin ook mee?
Can my boyfriend/girlfriend come too?
ken maj bojfrend/ĝuhlfrend kum toe?

Is er nog ruimte voor mijn man/vrouw?
Do you have room for my husband/wife as well?
doe joe hev roem foh maj huzbənd/wajf əz wel?

Mag mijn rugzak/bagage in de kofferbak?
Can I put my backpack/luggage in the boot?
ken aj poet maj bekpek/luĝĝidzj in Də boet?

Ik moet naar ...
I'm trying to get to ...
ajm trajing toe ĝet toe ...

Ligt dat op de weg naar ...?
Is that on the way to ...?
iz Det on Də wee toe ...?

Kunt u me hier afzetten?
Could you drop me off here?
koed joe drop mie of hiə?

Kunt u me bij de afrit naar ... afzetten?
Could you drop me off at the ... exit?
koed joe drop mie of et Də ... eksit?

Kan ik in het centrum worden afgezet?
Could you drop me off in the centre?
koed joe drop mie of in Də sentə?

Wilt u hier stoppen, a.u.b.?
Could you stop here, please?
koed joe stop hiə, pliez?

Ik wil er hier uit
I'd like to get out here
ajd lajk toe ĝet aut hiə

Dank u wel voor de lift
Thanks for the lift
Senks foh Də lift

4.11 Inlichtingen

Waar is de informatiebalie?
Where's the information desk?
weəz Die infəmeesjn desk?

Waar vind ik de dienstregeling?
Where can I find a timetable?
weə ken aj fajnd ə tajmteebl?

Waar is het busstation?
Where can I find the bus station?
weə ken aj fajnd Də bus steesjn?

Kunt u me vertellen waar het station is?
Could you tell me where I can find the (railway) station?
koed joe tel mie weə ken aj fajnd Də (reelwee) steesjn?

Waar is de metro?
Where's the underground?
weəz Di undəĝraund?

Is daar een bushalte?
Can I find a bus stop there?
ken aj fajnd ə bus stop Deə?

Hoe ver is het nog naar de volgende tramhalte?
How far is it to the next tram stop?
hau fah iz it toe Də trem stop?

Waar kan ik een auto huren?
Where can I rent a car?
weə ken aj rent ə kah?

Hebt u een plattegrond van de stad met het bus- en metronet?
Do you have a city map with the bus and the underground routes on it?
doe joe hev ə sittie mep wiD Də bus en Die undəĝraund roets on it?

Hebt u een dienstregeling?
Do you have a timetable?
doe joe hev ə tajmteebl?

Moet ik reserveren?
Do I have to book a seat?
doe aj hev toe boek ə siet?

Ik wil mijn reservering naar ... (her)bevestigen/annuleren
I'd like to confirm/cancel my booking for ...
ajd lajk toe kənfuhm/kensl maj boeking foh/ ...

Ik wil mijn reis naar ... wijzigen
I want to change my journey to ...
aj wont toe tsjeendzj maj dzjuhnie toe ...

Krijg ik mijn geld terug?
Will I get my money back?
wil aj ĝet maj munnie bek?

Ik moet naar ... Hoe reis ik daar (het snelst) naartoe?
I want to go to ... What's the quickest way there?
aj wont toe ĝoo toe ... wots Də kwikkist wee Deə?

Met welke lijn moet ik naar ...?
Which number do I take to ...
witsj numbə doe aj teek toe ...

Kan ik dat lopen?
Is it not too far to walk?
iz it not toe fah toe wohk?

Is dat op fietsafstand?
Is that within cycling distance?
iz Det wiDin sajkling distəns?

Kan ik er ook op een andere manier komen?
Is there any other way to get there?
iz Deə ennie uDə wee toe ĝet Deə?

Hoeveel kost een enkele reis/retour naar ...?
How much is a single/return to ...?
hau mutsj iz ə sing-ĝl/rituhn toe ...?

Moet ik toeslag betalen?
Do I have to pay a surcharge?
doe aj hev toe pee ə suhtsjahdzj?

Gaat deze ... rechtstreeks?
Does this ... travel direct?
duz Dis ... trevl dajrekt?

Moet ik overstappen? Waar?
Do I have to change? Where?
doe aj hev toe tsjeendzj? weə?

Doet de boot onderweg havens aan?
Does the boat call in at any ports on the way?
duz Də boot kohl in et ennie pohts on Də wee?

Stopt de trein/bus in ...?
Does the train/bus stop at ...?
duz Də treen/bus stop et ...?

Waar moet ik uitstappen?
Where should I get off?
weə sjoed aj ĝet of?

Is er een aansluiting naar ...?
Is there a connection to ...?
iz Deə ə kəneksjn toe ...?

Hoe lang moet ik wachten?
How long do I have to wait?
hau long doe aj hev toe weet?

Wanneer vertrekt ...?
When does ... leave?
wen duz ... liev?

Hoe laat gaat de/het eerste ...?
What time does the first ... leave?
wot tajm duz Də fuhst … liev?

Wanneer gaat de/het volgende ...?
When is the next ...?
wen iz Də nekst … ?

Is dat de laatste?
Is this the last ...?
iz Dis Də lahst … ?

Hoe lang doet de/het ... erover?
How long does ... take?
hau long duz … teek?

Hoe laat komt de/het ... aan in ...?
What time does ... arrive in ...?
wot tajm duz … ərajv in …?

Is dit ... naar ...?
Is this ... to ...?
iz Dis … toe …?

4.12 Openbaar vervoer

Where are you travelling?	Waar gaat u naartoe?
When are you leaving?	Wanneer vertrekt u?
Your train to ... leaves at ... from platform ...	Uw trein naar ... vertrekt om ... van spoor ...
You have to change over in ...	U moet overstappen in ...
You have to get off at ...	U moet uitstappen in ...
You have to travel via ...	U moet via ... reizen
The outward journey is on ...	De heenreis is op ...
The return journey is on ...	De terugreis is op ...
You have to be on board by ...	U moet om ... aan boord zijn

• Kaartjes/tickets

Waar kan ik een kaartje kopen?
Where can I buy a ticket?
weə ken aj baj ə tikkit?

Waar kan ik een plaats reserveren?
Where can I make a reservation?
weə ken aj meek ə rezzəveesjn?

Waar kan ik een vlucht boeken?
Where can I book a flight?
weə ken aj boek ə flajt?

Kan ik online inchecken?
Can I check in online?
ken aj tsjek in onlajn?
Mag ik een enkele reis naar ...?
A single to ..., please
ə sing-ĝl toe ..., pliez
Mag ik een retour naar ...?
A return to ..., please
ə rituhn toe ..., pliez
Ik heb de kaartjes via internet gereserveerd
I have booked the tickets on the Internet
aiv boekt Də tikkits on Di intənet
eersteklas
first class
fuhst klahs
tweedeklas
second class
seknd klahs
toeristenklasse
tourist class
tohrist klahs
businessclass
business class
biznis klahs
Is dit mijn instapkaart?
Is this my boarding ticket?
iz Dis maj bohding tikkit?
Ik wil mijn reservering afzeggen
I want to cancel my reservation
aj wont toe kensl maj rezəveesjn
Ik wil mijn reservering (her)bevestigen
I want to confirm my reservation
aj wont toe kənfuhm maj rezəveesjn
Ik wil mijn reservering wijzigen
I want to change my reservation
aj wont toe tsjeendzj maj rezəveesjn
Ik wil een zitplaats/hut reserveren
I'd like to book a seat/cabin
ajd lajk toe boek ə siet/kebbin
Ik wil een plaats in de slaapwagen reserveren
I'd like to book a berth in the sleeping car
ajd laik toe boek ə buhS in Də slieping kah
aan het raam/gangpad
at the window/at the aisle
et Də windoo/et Di ajl

eenpersoons/tweepersoons
single/double
sing-ĝl/dubl

voorin/achterin
at the front/back
et Də frunt/bek

We zijn met ... personen
There are ... of us
Deə ah ... ov us

Is er helemaal geen plaats meer?
Aren't there any seats left?
ahnt Deə ennie siets left?

Kunt u me op een wachtlijst plaatsen?
Could you put me on a waiting list?
koed joe poet mie on ə weeting list?

Hebt u ook een meerrittenkaart?
Do you have season tickets?
doe joe hev siezn tikkits?

Ik wil graag een abonnement
Do you have weekly tickets?
doe joe hev wieklie tikkits?

Hebt u ook meerdaagse voordeelkaarten?
Do you have discount tickets for more than one day?
doe joe hev diskaunt tikkits foh moə Den wun dee?

First or second class?	Eersteklas of tweedeklas?
Single or return?	Enkele reis of retour?
Smoking or non-smoking?	Roken of niet roken?
Window or aisle?	Aan het raam of aan het gangpad?
Front or back?	Voorin of achterin?
Seat or berth?	Zitplaats of couchette?
Top, middle or bottom?	Boven, midden of onder?
Tourist class or business class?	Toeristenklasse of businessclass?
Cabin or seat?	Hut of stoel?
Single or double?	Eenpersoons of tweepersoons?
How many are travelling?	Met hoeveel personen reist u?

• Vliegtuig

arrivals	aankomst
departures	vertrek
domestic flights	binnenlandse vluchten
international flights	internationale vluchten

Waar is de balie van ...?
Where's the ... desk?
weəz Də ... desk?

Mag ik de reis met dit ticket onderbreken?
Can I interrupt my journey with this ticket?
ken aj intərrupt maj dzjuhnie wiD Dis tikkit?

Hoeveel bagage mag ik meenemen?
How much luggage am I allowed?
hau mutsj luĝĝidz em aj əlaud?

Mag dit in de handbagage?
Can I take this in my hand luggage?
ken aj teek Dis in maj hend luĝĝidzj?

Moet ik mijn bagage opnieuw inchecken?
Do I have to check in my luggage again?
doe aj hev toe tsjek in maj luĝĝidzj əgen?

Hoeveel kost extra gewicht?
How much does it cost to take extra luggage?
hau mutsj duz it kost toe teek ekstrə luĝĝidzj?

Maakt het vliegtuig tussenlandingen?
Will there be any stopovers?
wil Deə bie ennie stoppoovəz?

Waar zijn de taxfreewinkels?
Where are the tax-free shops?
weə ah Də teks-frie sjops?

Bij welke gate staat het vliegtuig?
From which gate does my plane leave?
from witsj ĝeet duz maj pleen liev?

Waar moet ik inchecken?
Where do I check in?
weə doe aj tsjek in?

Tot hoe laat kan ik inchecken?
Till what time can I check in?
til wot tajm ken aj tsjek in?

Is het nodig om te herbevestigen?
Is it necessary to confirm my ticket?
iz it nessəssirie toe kənfuhm maj tikkit?

Wilt u mij helpen met de veiligheidsriemen?
Could you help me put on the safety belt?
koed joe help mie poet on Də seeftie belt?

Waar kan ik mijn bagage ophalen?
Where do I find my luggage?
weə doe aj fajnd maj luĝĝidzj?

Mijn bagage is niet aangekomen
My luggage has not arrived.
maj luĝĝidzj hez not ərajvd

Hoe kom ik het gemakkelijkst in de stad met het openbaar vervoer/met de auto?
What is the easiest way to get to the centre by public transport/by car?
wat iz Di iesiəst wee toe get toe Də sentə baj publik trenspoht/baj kah?

- Trein en bus

Op het station

The 10:40 train from ... has been delayed by 15 minutes	De trein uit ... van 10.40 uur heeft een vertraging van 15 minuten
The train now arriving at platform 5 is the 10:40 train to ...	Op spoor 5 komt nu binnen de trein van 10.40 uur naar ...
The 10:40 train to ... is still waiting at platform 5	De trein van 10.40 uur naar ... staat nog gereed op spoor 5

In de trein/bus

Your ticket, please	Uw plaatsbewijs, a.u.b.
Your reservation, please	Uw reservering, a.u.b.
Your passport, please	Uw paspoort, a.u.b.
You're in the wrong seat	U zit op de verkeerde plaats
You're on/in the wrong ...	U zit in de verkeerde ...
This seat is reserved	Deze plaats is gereserveerd
You'll have to pay a surcharge	U moet toeslag betalen
The ... has been delayed by ... minutes	De ... heeft een vertraging van ... minuten
We're now approaching ...	We naderen nu station ...
Passengers for ... should change at ...	Reizigers in de richting ... dienen in ... over te stappen

Waar gaat deze trein naartoe?
Where does this train go to?
weə duz Dis treen ĝoo toe?

Kan ik deze bus nemen om naar ... te gaan?
Can I take this bus to ...
ken aj teek Dis bus toe ...?

Stopt deze trein in ...?
Does this train stop at ...?
duz Dis treen stop et ...?

Is er een bus naar/van het vliegveld?
Is there a bus service to/from the airport?
iz Deə ə bus suhvis toe Di eəpoht?

Is deze plaats bezet/vrij?
Is this seat taken/free?
iz Dis siet teekən/frie?

Ik heb ... gereserveerd
I've booked ...
ajv boekt ...

Wilt u hier zitten?
Would you like to sit here?
woed joe lajk toe sit hiə?

Zullen we van plaats wisselen?
Shall we change places?
sjel wie tsjeendzj pleesis?

Mag het raam/schuifje open?
Could someone open the window/vent, please?
koed sumwun oopən Də windoo/vent,pliez?

Mag het gordijntje dicht?
Could someone close the curtain?
koed sumwun klooz Də kuhtn?

Kunt u me zeggen waar ik moet uitstappen voor ...?
Could you tell me where I have to get off for ...?
koed joe tel mie weə aj hev toe ĝet of foh ...?

Wilt u me waarschuwen als we bij ... zijn?
Could you let me know when we get to ...?
koed joe let mie noo wen wie ĝet toe ...?

Wilt u bij de volgende halte stoppen, a.u.b.?
Could you stop at the next stop, please?
koed joe stop et Də nekst stop, pliez?

Waar zijn we hier?
Where are we now?
weə ah wie nau?

Zijn we ... al voorbij?
Have we passed ...?
hev wie pahst ...?

Hoe lang blijft ... hier staan?
How long does ... stop here?
hau long duz ... stop hiə?

Kan ik op dit kaartje ook weer terug?
Can I come back on the same ticket?
ken aj kum bek on Də seem tikkit?

Kan ik met dit kaartje overstappen?
Can I change on this ticket?
ken aj tsjeëndzj on Dis tikkit?

Hoe lang is dit kaartje geldig?
How long is this ticket valid for?
hau long iz Dis tikkit vellid foh?

Is dit een intercity?
Is this an intercity train?
iz Dis ən intəsitti treen?
Is dit een stoptrein?
Is this a slow train?
iz Dis ə sloo treen?
Bij welk perron stopt de trein naar/uit ...?
From which platform does the train to/from ... leave?
from witsj pletfohm duz Də treen toe/from … liev?
Waar vertrekt de bus naar ...?
Where does the bus/coach for ... leave?
weə duz Də bus/kootsj foh … liev?
Gaat deze bus naar ...?
Does this bus/coach go to ...?
duz Dis bus/kootsj ĝoo toe …?
Hoe laat vertrekt de volgende bus?
When does the next bus/coach leave?
wen duz Də nekst bus/kootsj liev?
Waar kan ik een kaartje kopen?
Where can I buy a ticket?
weə ken aj baj ə tikkit?
Wat is de volgende halte?
What's the next stop?
wats Də nekst stop?
Kunt u me zeggen wanneer ik eruit moet?
Can you tell me where to get off?
ken joe tel mie weə toe ĝet ohf?

• Taxi

for hire	vrij
taken	bezet
taxi stand	taxistandplaats

Taxi!
Taxi!
teksie!
Kunt u een taxi voor me bellen?
Could you get me a taxi, please?
koed joe ĝet mie ə teksie, pliez?
Waar kan ik hier in de buurt een taxi nemen?
Where can I find a taxi around here?
weə ken aj fajnd ə teksie əraund hiə?

Bent u vrij?
Are you free?
ah joe frie?
Kunt u ... personen meenemen?
Can you take ... people?
ken joe teek ... piepl?
Kunt u me naar dit adres brengen?
Could you take me to this address, please?
koed joe teek mie toe Dis ədres, pliez?
Ik wil graag naar hotel ...
The ... hotel, please
Də ... hootel, pliez
Kunt u me naar het centrum brengen?
The town/city centre, please
Də taun/sittie sentə, pliez
Naar het station, a.u.b.
The station, please
Də steesjn, pliez
Ik wil graag naar het vliegveld
The airport, please
Die eəpoht, pliez
Hoeveel kost een rit naar ...?
How much is the trip to ...?
hau mutsj iz Də trip toe ...?
Hoe ver is het naar ...?
How far is it to ...?
hau fah iz it toe ...?
Wilt u de meter aanzetten, a.u.b.?
Could you turn on the meter, please?
koed joe tuhn on Də mietə, pliez?
Ik heb haast
I'm in a hurry
ajm in ə hurrie
Kunt u iets harder/langzamer rijden?
Could you speed up/slow down a little?
koed joe spied up/sloo daun ə litl?
Kunt u een andere weg nemen?
Could you take a different route?
koed joe teek ə difrənt roet?
Laat u me er hier maar uit
I'd like to get off here, please
ajd lajk toe ĝet of hiə, pliez
U moet hier rechtdoor
You go straight on here
joe ĝoo street on hiə

U moet hier linksaf/rechtsaf
You turn left/right here
joe tuhn left/rajt hiə

Hier is het
This is it
Dis iz it

Hoeveel is het?
How much is it?
hau mutsj iz it?

Laat zo maar zitten
Keep the change
kiep Də tsjeendzj

Kunt u een ogenblikje op mij wachten?
Could you wait a few minutes for me?
koed joe weet ə fjoe minnits foh mie?

• Boot

Gaat deze boot naar ...?
Does this boat go to ...?
duz Dis boot ĝoo toe ...?

Mag er op het buitendek gerookt worden?
Can one smoke on the deck outside?
ken wun smook on Də dek autsajd?

Op welk dek is het restaurant?
On which deck is the restaurant?
on witsj dek iz Də restərənt?

Is dat een binnen- of buitenhut?
Is that an inside- or an outside cabin?
iz Det ən insajd- oh ən autsajd kebbin?

Ik ben zeeziek
I am seasick
ajm siesik

Hoe laat komt de boot aan?
When does the boat dock?
wen duz Də boot dok?

5 Overnachten

5.1 Accommodatie zoeken

How long will you be staying?	Hoe lang wilt u blijven?
Fill out this form, please	Wilt u dit formulier invullen, a.u.b.
Could I see your passport?	Mag ik uw paspoort?
I'll need a deposit	U moet een borgsom betalen
You'll have to pay in advance	U moet vooruitbetalen

Ik zoek een goedkoop hotel
I'm looking for a budget hotel
ajm loeking fər ə budzjət hootel

Zijn er all-inclusivehotels in de buurt?
Are there any all- inclusive hotels in this area?
ah Dər ennie ohl-inkloesiv hootelz in Dis eəriə?

Ik ben op zoek naar een leuke bed-and-breakfast in de stad
I'm trying to find a nice bed-and-breakfast in town
ajm traijing tə fajnd a najs bedənbrekfəst in taun

Is er een camping met zwembad in de buurt?
Is there a campsite with a swimming pool around here?
iz Deə ə kempsajt wiD ə swimming poel əraund hiə?

Kunt u een jeugdherberg voor me zoeken?
Could you find me a youth hostel?
koed joe fajnd mie ə joeS hostəl?

Ik zoek een boerderijcamping
I'm looking for farm camping
ajm loeking fər ə fahm kemping

Zijn er hier ecoresorts?
Are there any eco-resorts around here?
ah Deə ennie iekoo rizohts əraund hiə?

Wat is het adres?
What is the address?
wot iz Di ədres?

Kunt u het adres opschrijven, a.u.b.?
Could you write down the address for me, please?
kud joe rajt daun Di ədres foh mie, pliez?

Is er korting voor studenten?
Is there a special student rate?
iz Deə ə spesjəl stjoedənt reet?

Is er korting voor 65-plussers?
Is there a special rate for oap's?
iz Deəə spesjəl reet foh oo ee piez?
Is de accommodatie rolstoelvriendelijk?
Is the accommodation wheelchair-friendly
iz Di əkomoodeesjn wieltsjeə frendlie?

5.2 Bij de receptie

Mijn naam is ... Ik heb telefonisch/schriftelijk/per e-mail gereserveerd
My name's ... I've made a reservation over the phone/by mail/by e-mail
maj neemz ... ajv meed ə rezzəveesjn oovə Də foon/baj meel/baj iemeel
Wat kost het per nacht/week?
How much is it per night/week?
hau mutsj iz it puh najt/wiek?
Is dat per persoon?
Is that per person?
iz Det puh puhsən?
Kan ik een kamer/plaats reserveren?
Can I book a room/seat?
ken aj boek ə roem/siet?
Het is voor ... nachten
I'll be staying ... nights
ajl bie steejing ... najts
Kan ik met creditcard betalen?
Do you take credit cards?
doe joe teek kreddit kahdz?
Kan ik pinnen?
Can I use my cash card?
ken aj joez maj kesj kahd?
Ik zal om ... uur arriveren
I'll be there at ...
ajl bie Deə et ...
We blijven minstens ... nachten/weken
We'll be staying at least ... nights/weeks
wiəl bie steejing et liest ... najts/wieks
Ik weet nog niet hoe lang ik zal blijven
I don't know yet how long I'm going to stay
aj doont noo jet hau long ajm goowing toe stee
Zijn huisdieren (honden/katten) toegestaan?
Do you allow pets?
doe joe əlau pets?
Hoe laat gaat het hek open?
What time does the gate open?
wot tajm duz Də ĝeet oopən?

Hoe laat gaat de deur dicht?
What time does the door close?
wot tajm duz Də doh klooz?

Wilt u een taxi voor me bellen?
Could you get me a taxi, please?
koed joe ĝet mie ə teksie, pliez?

Is er post voor mij?
Is there any mail for me?
iz Deə ennie meel foh mie?

5.3 Kamperen

Zie ook de afbeelding op pagina 95.

You can pick your own site	U mag zelf uw plaats uitzoeken
You'll be allocated a site	U krijgt een plaats toegewezen
This is your site number	Dit is uw plaatsnummer
Stick this on the windshield, please	Wilt u dit op de voorruit van uw auto plakken?
Please don't lose this card	U mag dit kaartje niet verliezen

Waar is de beheerder?
Where's the manager?
weəz Də mennidzjə?

Mogen we hier kamperen?
Are we allowed to camp here?
ah wie əlaud toe kemp hiə?

Is hier een jongerencamping?
Is there a campsite specially for young people?
iz Deə ə kempsajt spesjəllie foh jung piepl?

Is hier een naturistencamping?
Is there a naturist campsite round here?
iz Deə ə netsjərist kempsajt raund hiə?

We zijn met ... personen, ... tenten en ... auto's
There are ... of us and ... tents and ... cars
Deə ah ... ov us end ... tents end ... kahz

Is er helemaal geen plaats meer?
Aren't there any sites left?
ahnt Deə ennie sajts left?

Hoe laat gaat het hek dicht?
What time does the gate close?
wot tajm duz Də ĝeet klooz?

Mogen we zelf een plaats uitzoeken?
Can we pick our own site?
ken wie pik auwə oon sajt?

Kampeeruitrusting

	bagagepunt	luggage space	*luĝidzj spees*
	blikopener	can opener	*kenoopənə*
	buizenframe	tent frame	*tent freem*
1	**butagasfles**	butane gas bottle	*bjoeteen ĝes botl*
2	**gasstel**	gas cooker	*ĝes koekə*
3	**grondzeil**	groundsheet	*ĝraundsjiet*
	hamer	mallet	*mellit*
	hangmat	hammock	*hemmək*
4	**jerrycan**	jerry can	*dzjerrie ken*
	kampvuur	campfire	*kempfajə*
5	**klapstoel**	folding chair	*foolding tsjeə*
6	**koelbox**	cool box	*koel boks*
7	**koelelement**	ice pack	*ajs pek*
	kompas	compass	*kumpəs*
	kurkentrekker	corkscrew	*kohkskroe*
	lamp	lamp	*lemp*
	ligstoel	reclining seat	*riklajning siet*
8	**luchtbed**	airbed	*eəbed*
9	**luchtbedstopje**	airbed plug	*eəbed plug*
10	**luchtpomp**	pump	*pump*
11	**luifel**	awning	*ohning*
	matje	karimat	*kerrimet*
12	**pan**	pan	*pen*
	primus	primus stove	*prajməs stoov*
	rits	zip	*zip*
13	**rugzak**	backpack	*bekpek*
14	**scheerlijn**	guy rope	*ĝaj roop*
15	**slaapzak**	sleeping bag	*slieping beĝ*
	stormlamp	storm lantern	*stohm lentən*
	stretcher	camp bed	*kemp bed*
	tafel	table	*teebl*
16	**tent**	tent	*tent*
17	**tentharing**	tent peg	*tent peĝ*
18	**tentstok**	tent pole	*tent pool*
	thermosfles	thermos flask	*Suhməs flahsk*
19	**veldfles**	canteen	*kentien*
	wasknijper	clothes peg	*klooz peĝ*
	waslijn	clothesline	*kloozlajn*
	windscherm	windbreak	*winbreek*
20	**zaklantaarn**	torch	*tohtsj*
21	**zakmes**	pocket knife	*pokkit najf*

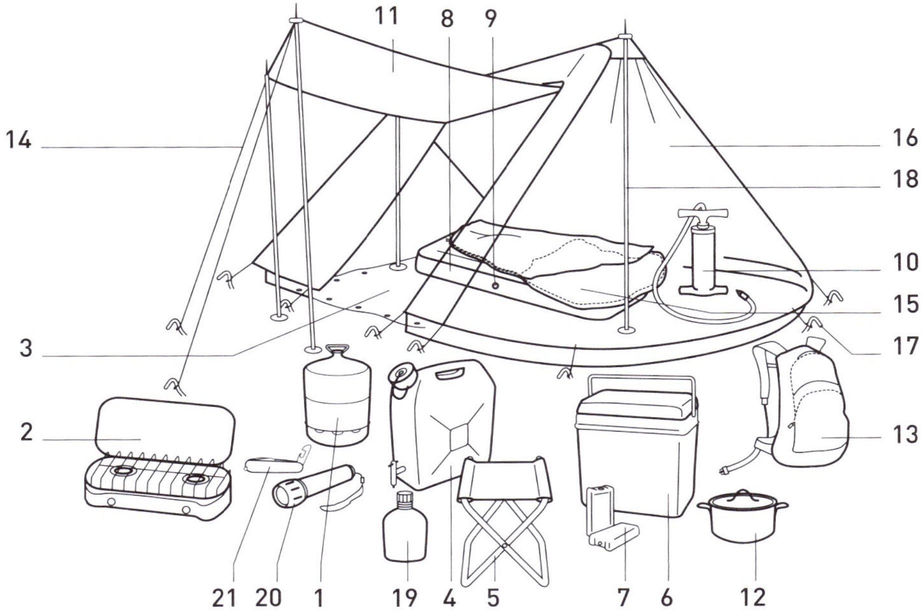
11
8
9
14
16
18
10
15
3
17
2
13
21
20
1
19
4
5
7
6
12

Hebt u een rustig plekje voor ons?
Do you have a quiet spot for us?
doe joe hev ə kwajət spot foh us?

Hebt u geen andere plaats vrij?
Do you have any other sites available?
doe joe hev ennie uDə sajts əveeləbl?

Er is hier te veel zon/schaduw
It's too sunny/shady here
its toe sunnie/sjeedie hiə

Wat waait het hier hard!
There's a lot of wind here!
Deəz ə lot əv wind hiə!

Het is hier te druk
It's too crowded here
its toe kraudid hiə

De grond is te hard/ongelijk
The ground's too hard/uneven
Də ĝraundz toe hahd/unievn

Kunnen we bij elkaar staan?
Could we have adjoining sites?
koed wie hev ədzjojning sajts?

Mag de auto bij de tent geparkeerd worden?
Can we park the car next to the tent?
ken wie pahk Də kah nekst toe Də tent?

Wat kost het per tent/caravan?
How much is it per tent/caravan?
hau mutsj iz it puh tent/kerrəven?

Is dat per persoon of per caravan?
Is that per person or per caravan?
iz Det puh puhsn oh puh kerrəvən?

Hebt u een hut te huur?
Do you have bungalows for hire?
doe joe hev bung-ĝəlooz foh hajə?

Moeten we betalen voor warm water?
Do we have to pay for hot water?
doe wie hev toe pee foh hot wohtə?

Hebt u douchemuntjes?
Can I buy shower coins/tokens here?
ken aj baj sjauwə kojnz/tookənz hiə?

Zijn er wasmachines?
Are there any washing machines?
ah Deə ennie wosjing məsjienz?

Is er op het terrein een kinderspeelplaats?
Is there a children's play area on the site?
iz Deə ə tsjildrənz plee eəriə on Də sajt?

Is er op het terrein een internetverbinding?
Is there internet access on the site?
iz Deə intənet ekses on Də sajt?

Kan ik hier een kluis huren?
Can I rent a safe here?
ken aj rent ə seef hiə?

Mogen we hier barbecueën?
Are we allowed to barbecue here?
ah wie əlaud toe bahbəkjoe hiə?

Zijn er elektriciteitsaansluitingen?
Are there any power points?
ah Deə ennie pauwə pojnts?

Is er drinkwater?
Is there drinking water?
iz Deə drinking wohtə?

Verkoopt u gasflessen (butagas/propaangas)?
Do you sell gas bottles (butane gas/propane gas)?
doe joe sel ĝes botlz (bjoeteen ĝes/proopeen ĝes)?

5.4 Hotel/appartement/huisje

Hebt u een eenpersoons-/tweepersoonskamer vrij?
Do you have a single/double room available?
doe joe hev ə sing-ĝl/dubl roem əveeləbl?

Nee, ik geef mijn paspoort niet af
No, I'm sorry, I'd rather not leave my passport here
noo, ajm sorrie, ajd rahDə not liev maj pahspoht hiə

Zijn er helemaal geen kamers meer?
Aren't there any rooms left?
ahnt Deə ennie roemz left?

per persoon/per kamer
per person/per room
puh puhsn/puh roem

s dat inclusief diner?
Does that include dinner?
duz Det inkloed dinnə?

s het ontbijt bij de prijs inbegrepen?
Is breakfast included?
iz brekfəst inkloedid?

ebben de kamers airconditioning?
Do the rooms have airconditioning?
doe Də roemz hev eəkəndisjəning?

eeft die kamer een tweepersoonsbed of twee eenpersoonsbedden?
Does the room have one double bed or two single beds?
duz Də roem hev wun dubl bed oh toe sing-ĝl bedz?

Kan ik een extra lang bed krijgen?
Could I have an extra-long bed, please?
koed aj hev ən ekstrə long bed, pliez?

Is er draadloos internet op de kamer?
Does the room have wireless internet?
duz Də roem hev wajəles intənet?

Kunnen wij twee kamers naast elkaar krijgen?
Could we have two adjoining rooms?
koed wie hev toe ədzjojning roemz?

met eigen toilet
with/without private facilities
wiD/wiDaut prajvət fəsillətiez

zonder eigen bad/douche
shared bath/shower
sjeəd bahS/sjauwə

(niet) aan de straatkant
(not) facing the street
(not) feesing Də striet

met/zonder uitzicht op zee
with/without a view of the sea
wiD/wiDaut ə vjoe əv Də sie

Is er in het hotel een lift?
Is there a lift in the hotel?
iz Deə ə lift in Də hootel?

Is er roomservice?
Do you have room service?
doe joe hev roem suhvis?

Ik wil graag een kluisje huren
I'd like to rent a safe
ajd lajk tə rent ə seef

Kan ik hier mijn kleding (laten) wassen?
Is there laundry service?
iz Deə lohndrie suhvis?

Wanneer wordt het zwembad schoongemaakt?
When does the swimming pool get cleaned?
wen duz Də swimming poel get kliend?

Is er in het hotel een fitnessruimte?
Is there a fitness room in the hotel?
iz Deə ə fitnəs roem in Də hootel?

Toilet and shower are on the same floor	Toilet en douche zijn op dezelfde verdieping
Your room has private facilities	Toilet en douche zijn op uw kamer
This way	Deze kant op
Your room is on the ... floor, the number is ...	Uw kamer is op de ... etage, het nummer is ...

Mag ik de kamer zien?
Could I see the room?
koed aj sie Də roem?

Ik neem deze kamer
I'll take this room
ajl teek Dis roem

Wat een prachtige kamer!
What a lovely room!
wot ə luvlie roem!

Deze bevalt ons niet
We don't like this one
wie doont lajk Dis wun

Deze kamer is te klein
This room is too small
Dis roem iz toe smohl

Hebt u een grotere/goedkopere kamer?
Do you have a larger/less expensive room?
doe joe hev ə lahdzjə/les ikspensiv roem?

Kunt u een kinderbedje bijplaatsen?
Could you put in a cot?
koed joe poet in ə kot?

Hoe laat is het ontbijt?
What time's breakfast?
wot tajmz brekfəst?

Waar is de eetzaal?
Where's the dining room?
weəz Də dajning roem?

Kan ik het ontbijt op de kamer krijgen?
Can I have breakfast in my room?
ken aj hev brekfəst in maj roem?

Waar is de nooduitgang/brandtrap?
Where's the emergency exit/fire escape?
weəz Die imuhdzjənsie eksit/fajə iskeep?

Waar kan ik mijn auto (veilig) parkeren?
Where can I park my car (safely)?
weə ken aj pahk maj kah (seeflie)?

De sleutel van kamer ..., a.u.b.
The key to room ..., please
Də kie toe roem ..., pliez

Mag ik dit in uw kluis leggen?
Could you put this in the safe, please?
koed joe poet Dis in Də seef, pliez?

Wilt u mij morgen om ... uur wekken?
Could you wake me at ... tomorrow?
koed joe week mie et ... təmorroo?

Kunt u mij aan een oppas/babysitter helpen?
Could you find a babysitter for me?
koed joe fajnd ə beebiesittə foh mie?

Mag ik een extra deken?
Could I have an extra blanket?
koed aj hev ən ekstrə blenkit?

Op welke dagen wordt er schoongemaakt?
What days do the cleaners come in?
wot deez doe Də klienəz kum in?

Wanneer worden de lakens/handdoeken verschoond?
What day do the sheets/towels get changed?
wot dee doe Də sjiets/tauwəls ĝet tsjeendzjd?

5.5 Klachten

Wij kunnen niet slapen door het lawaai
We can't sleep for the noise
wie kahnt sliep foh Də nojz

Kan de radio iets zachter?
Could you turn the radio down, please?
koed joe tuhn Də reedioo daun, pliez?

Het toiletpapier is op
We're out of toilet paper
wiə aut ov tojlit peepə

De wc zit verstopt
The toilet is blocked
Də tojlit iz blokt

De tv doet het niet
The TV isn't working
Də tievie iznt wuhking

Het bed is niet opgemaakt
The bed has not been made
Də bed heznt bien meed

De lakens ontbreken
There are no sheets
Deə ah noo sjiets

Er zijn geen/niet genoeg handdoeken
There are no/not enough towels
Deə ah noo/not inuf tauwəlz

Het beddengoed is vuil
The bed linen's dirty
Də bed linninz duhtie

De kamer is niet schoongemaakt
The room hasn't been cleaned
Də roem heznt bin kliend

De keuken is niet schoon
The kitchen is not clean
Də kitsjinz not klien

De verwarming doet het niet
The heater's not working
Də hietəz not wuhking

Er is geen (warm) water/elektriciteit
There's no (hot) water/electricity
Deəz noo (hot) wohtə/ilektrissətie

Het raam gaat niet open/dicht
The window won't open/close
Də windoo woont oopən/klooz

Het slot is kapot
The lock is broken
Də lok iz brookən

Kunt u dat in orde laten brengen?
Could you have that seen to?
koed joe hev Det sien toe?

Mag ik een andere kamer/plaats voor de tent?
Could I have another room/site?
koed aj hev ənuDə roem/sajt?

Het bed kraakt ontzettend
The bed creaks terribly
Də bed krieks terrəblie

Het bed zakt te veel door
The bed sags
Də bed seĝz

We hebben last van ongedierte/insecten
There are bugs/insects in our room
Deə ah buĝz/insekts in auwə roem

5.6 Vertrek

Het is ons hier erg goed bevallen
We've had a lovely time here
wiev hed ə luvlie tajm hiə

We komen graag nog een keer terug
We'll certainly be back
wiel suhtənlie bie bek

Ik vertrek morgen. Kan ik nu afrekenen?
I'm leaving tomorrow. Could I settle my bill now, please?
ajm lieving təmorroo. koed aj setl maj bil nau, pliez?

Hoe laat moeten wij van de kamer/de camping af?
What time should we vacate the room/site?
wot tajm shoed wie veekeet Də roem/Də sajt?

Mag ik mijn borgsom/paspoort terug?
Could I have my deposit/passport back, please?
koed aj hev maj dipozzit/pahspoht bek, pliez?

We hebben erge haast
We're in a terrible hurry
wiə in ə terrəbl hurrie

Kunt u mijn post doorsturen naar dit adres?
Could you forward my mail to this address?
koed joe fohwəd maj meel toe Dis ədres?

Mag onze bagage hier blijven staan totdat we vertrekken?
Could we leave our luggage here until we leave?
koed wie liev auwə luĝĝidzj hiə until wie liev?

Bedankt voor uw gastvrijheid
Thanks for your hospitality
Senks foh joh hospətellətie

6 Eropuit

6.1 Bezienswaardigheden

Waar is het VVV-kantoor?
Where's the Tourist Information, please?
weəz Də tohrist infəmeesjn, pliez?

Hebt u een plattegrond/gids van de stad?
Do you have a city map/guide?
doe joe hev ə sittie mep/ĝajd?

Kunt u mij informatie geven over ...?
Could you give me some information about ...?
koed joe ĝiv mie sum infəmeesjn əbaut ... ?

Waar heb ik het mooiste uitzicht over de omgeving/stad?
Where do I have the best view of the surroundings/the city?
weə doe aj hev Də best vjoe ov Də suraundingz/Də sittie?

Hoe kom ik het gemakkelijkst bij ... met de auto/het openbaar vervoer?
What is the easiest way to get to ...by car/by public transport?
wat iz Di iesiəst wee toe get toe ... baj kah/baj publik trenspoht?

Hoeveel moeten we hiervoor betalen?
How much do we owe you for this?
hau mutsj doe wie oo joe foh Dis?

Wat zijn de belangrijkste bezienswaardigheden?
What are the main places of interest?
wot ah Də meen pleesiz ov intrest?

Kunt u die aanwijzen op de kaart?
Could you point them out on the map?
koed joe pojnt Dem aut on Də mep?

Wat voor wilde dieren kunnen we daar tegenkomen?
What kinds of wild animals can we see there?
wot kajndz əv wajld ennimalz ken wie see Deə?

Wat raadt u ons aan?
What do you recommend?
wot doe joe rekkəmend?

We blijven hier een paar uur
We'll be here for a few hours
wiel bie hiə foh ə fjoe auwəz

We zijn van plan een dag te blijven
We'll be here for a day
wiel bie hiə foh ə dee

We blijven hier een week
We'll be here for a week
wiel bie hiə foh ə wiek

We zijn geïnteresseerd in ...
We're interested in ...
wiə intrestid in ...

Kunnen we een stadswandeling maken?
Is there a scenic walk around the city?
iz Deə ə sienik wohk əraund Də sittie?

Hoe lang duurt die?
How long does it take?
hau long duz it teek?

Waar is het startpunt/eindpunt?
Where does it start/end?
weə duz it staht/end?

Zijn er hier rondvaartboten?
Are there any boat cruises here?
ah Deə ennie boot kroeziz hiə?

Waar kunnen we aan boord gaan?
Where can we board?
weə ken wie bohd?

Zijn er rondritten per bus?
Are there any bus tours?
ah Deə ennie bus tohzs?

Waar moeten we opstappen?
Where do we get on?
weə doe wie ĝet on?

Welke uitstapjes kan men in de omgeving maken?
What trips can we take around the area?
wot trips ken wie teek əraund Die eəriə?

Is er amusement voor kinderen?
Does this place offer any entertainment for children?
Duz Dis plees offə ennie entəteenmənt foh tsjildrən?

Zijn er pretparken in de buurt?
Are there any amusement parks around here?
ah Deə ennie əmjoezmənt pahks əraund hiə?

Zijn er excursies?
Are there any excursions?
ah Deə ennie ikskuhsjnz?

Waar gaan die naartoe?
Where do they go to?
weə doe Dee ĝoo toe?

We willen naar ...
We'd like to go to ...
wied lajk toe ĝoo toe ...

Hoe lang duurt die tocht?
How long is the trip?
hau long iz Də trip?

Hoe lang blijven we in ...?
How long do we stay in ...?
hau long doe wie stee in ...?

Zijn er rondleidingen?
Are there any guided tours?
ah Deə ennie ĝajdid tohz?

Hoeveel tijd hebben we daar voor onszelf?
How much free time will we have there?
hau mutsj frie tajm wil wie hev Deə?

We willen een trektocht maken
We want to go hiking
wie wont toe ĝoo hajking

Kunnen we een gids huren?
Can we hire a guide?
ken wie hajə ə ĝajd?

Hoe laat gaat ... open/dicht?
What time does ... open/close?
wot tajm duz ... oopən/klooz?

Op welke dagen is ... geopend/gesloten?
What days is ... open/closed?
wot deez iz ... oopən/kloozd?

Wat is de toegangsprijs?
What's the admission price?
wots Die ədmisjn prajs?

Is er korting voor groepen/kinderen?
Is there a discount for groups/children?
iz Deə ə diskaunt foh ĝroeps/tsjildrən?

Is er korting voor 65+/studenten?
Is there a discount for pensioners/students?
iz Deə ə diskaunt foh pensjənəz/stjoedənts?

Mag ik hier fotograferen (met flits)/filmen?
Can I take (flash) photos/can I film here?
ken aj teek (flesj) footooz/ken aj film hiə?

Mag ik met blote armen/benen naar binnen?
Can I go in there with bare arms/legs?
ken aj ĝoo in Deə wiD beə ahmz/leĝz?

Ik ben slecht ter been, kunt u mij helpen?
I can't walk very well, could you help me, please?
aj kahnt wohk verrie wel, koed joe help mie, pliez?

Verkoopt u ansichtkaarten met ... erop?
Do you have any postcards with ... on them?
doe joe hev ennie pooshkahdz wiD ... on Dəm?

Hebt u een brochure in het Nederlands/Engels/Frans?
Do you have a Dutch/English/French brochure?
doe joe hev ə dutsj/ing-ĝlisj/frensj broosjə?

Hoe oud is dit?
How old is this?
hau oold iz Dis?

Betaalt de gids?
Is the guide paying for all of us?
iz Də gajd peejing foh ohl ov us?

Ik hoor bij hen
I'm with this group
ajm wiD Dis groep

Ik ben mijn groep kwijt
I've lost my group
ajv lost maj ĝroep

Hebt u een groep (Nederlanders/Belgen/Vlamingen) gezien?
Have you seen a group of Dutch/Belgian/Flemish tourists?
hev joe sien ə ĝroep ov dutsj/beldzjən/flemisj tohrists?

6.2 Sport en recreatie

Waar kunnen we hier ...?
Where can we ... around here?
weə ken wie ... əraund hiə?

Is er hier een ... in de buurt?
Is there a ... around here?
iz Deə ə ... əraund hiə?

Verhuurt u ook mountainbikes?
Can I hire a mountain bike here?
ken aj hajə ə mauntən bajk hiə?

Verhuurt u ook skates?
Can I hire roller skates here?
ken aj hajə roolə skeets hiə?

Kan ik hier een fiets huren?
Can I hire a bicycle here?
ken aj hajə əbajsikl hiə?

Kan ik hier bungeejumpen?
Can I go bungee jumping here?
ken aj ĝoo bundzjie dzjumping hiə?

Kan ik hier tennissen?
Can I play tennis here?
ken aj plee tennis hiə?

Kan ik hier golfen?
Can I play golf here?
ken aj plee ĝolf hiə?

Kan ik hier paardrijden?
Can I hire a horse here?
ken aj hajə ə hohs hiə?

Ik wil graag een helikoptervlucht maken
I'd like to make a helicopter trip
ajd lajk toe meek ə hellikoptə trip

Ik wil graag een ballonvaart maken
Id like to go on a balloon trip
ajd lajk toe ĝoo on ə baloen trip

Kan ik les nemen in ...?
Can I take ... lessons?
ken aj teek ... lesnz?

Hoeveel kost dat per uur/dag/keer?
How much is that per hour/per day/a turn?
hau mutsj iz Det puh auwə/puh dee/ə tuhn?

Heb je daarvoor een vergunning nodig?
Do I need a permit for that?
doe aj nied ə puhmit foh det?

Waar kan ik die vergunning krijgen?
Where can I get the permit?
weə ken aj ĝet Də puhmit?

6.3 Aan het water

Is het nog ver (lopen) naar zee?
Is it a long way to the sea still?
iz it ə long wee toe Də sie stil?

Kun je hier zwemmen?
Is it safe to swim here?
iz it seef toe swim hiə?

Is hier een zwembad?
Is there a swimming pool around here?
iz Deə ə swimming poel əraund hiə?

Is hier een zandstrand in de buurt?
Is there a sandy beach around here?
iz Deə ə sendie bietsj əraund hiə?

Is hier ook een naaktstrand?
Is there a nude beach around here?
iz Deə ə njoed bietsj əraund hiə?

Word ik al bruin?
Am I getting a tan?
em aj ĝetting ə ten?

Zal ik je even insmeren?
Shall I rub some oil on you?
sjel aj rub sum ojl on joe?

Zullen we een strandwandeling maken?
Shall we go for a walk along the beach?
sjel wie ĝoo foh ə wohk əlong Də bietsj?

Kan ik een ligstoel huren?
Can I hire a deck chair?
ken aj hajə ə dek tsjeə?

Ik wil graag een parasol huren
Can I hire a parasol?
ken aj hajə ə perrəsol?

Verhuurt u ook windschermen?
Can I hire a windbreak?
ken aj hajə ə windbreek?

Wanneer is het vloed/eb?
When's high/low tide?
wenz haj/loo tajd?

Wat is de temperatuur van het water?
What's the water temperature?
wots də wohtə temprətsjə?

Is het hier (erg) diep?
Is it (very) deep here?
iz it (verrie) diep hiə?

Kun je hier staan?
Can you stand here?
ken joe stend hiə?

Is het hier veilig zwemmen (voor kinderen)?
Is it safe (for children) to swim here?
iz it seef (foh tsjildrən) toe swim hiə?

Zijn er stromingen?
Are there any currents?
ah Deə ennie kurrənts?

Heeft deze rivier stroomversnellingen/watervallen?
Are there any rapids/cascades in this river?
ah Deə ennie reppidz/keskeedz in Dis rivə?

Wat betekent die vlag/boei daar?
What does that flag/buoy mean?
wot duz Det fleĝ/boj mien?

Is er hier een badmeester die een oogje in het zeil houdt?
Is there a life guard on duty here?
iz Deə ə lajf ĝahd on djoetie hiə?

Mogen hier honden komen?
Are dogs allowed here?
ah doĝz əlaud hiə?

Mag je hier kamperen op het strand?
Is camping on the beach allowed?
iz kemping on Də bietsj əlaud?

Mag je hier een vuurtje stoken?
Are we allowed to build a fire here?
ah wie əlaud toe bild ə fajə hiə?

Kan ik hier een duikuitrusting huren voor drie dagen?
Can I hire diving equipment here for three days?
ken aj haə dajving ikwipmənt hiə foh Srie deez?

Kan ik hier een duikbrevet halen?
Can I get a diving certificate here?
ken aj get ə dajving suhtifikət hiə?

Ik ben een zwemvlies kwijtgeraakt
I've lost a flipper
ajv lost ə flippə

Kan ik hier veilig snorkelen?
Is it safe to snorkle here?
iz it seef toe snohkl hiə?

Ik wil graag een roeiboot huren
Can I hire a rowing boat here?
ken aj hajə ə roowing boot hiə?

Kan ik hier een motorboot huren?
Can I hire a cabin cruiser here?
ken aj hajə ə kebbin kroezə hiə?

Is er hier ook een aanlegplaats voor boten?
Is there a mooring around here?
iz Deə ə mohring əraund hiə?

Kan ik hier een surfplank huren?
Can I hire a surf board here?
ken aj hajə ə suhfbohd hiə?

Ik wil graag een waterscooter huren
Can I hire a water scooter?
ken aj hajə ə wohtə skoetə?

Kan ik hier een waterfiets huren?
Can I hire a pedal boat here?
ken aj hajə ə pedl boot hiə?

Verhuurt u ook waterski's?
Can I hire water-skis here?
ken aj hajə wohtə skiez hiə?

Kan ik hier een zeilboot huren?
Can I hire a sailing boat here?
ken aj hajə ə seeling boot hiə?

Kan ik hier raften?
Can I go rafting hi ?
ken aj ĝoo rahfting hiə?

Kan ik hier surfen?
Can I go surfing here?
ken aj ĝoo suhfing hiə?

Danger	Gevaar
Fishing water	Viswater
No fishing	Verboden te vissen
No surfing	Verboden te surfen
No swimming	Verboden te zwemmen
Permits only	Alleen met vergunning

6.4 In de sneeuw

Kan ik hier skiles nemen?
Can I take ski lessons here?
ken aj teek skie lesnz hiə?

voor beginners/(half)gevorderden
for beginners/(semi-)advanced learners
foh biĝinnəz/(semmie-)ədvahnst luhnəz

Hoeveel kost een skiles?
How much is one ski lesson?
hau mutsj iz wan skie lessən?

Hoe groot zijn de groepen?
How large are the groups?
hau lahdzj ah Də ĝroeps?

Ik wil graag een abonnement voor de skilift
I'd like a lift pass, please
ajd lajk ə lift pahs, pliez

voor ... dagen/weken
for ... days/weeks
foh ... deez/wieks

Moet ik een pasfoto inleveren?
Will you need a passport photo?
wil joe nied ə pahspoht footoo?

Waar kan ik een pasfoto laten maken?
Where can I have a passport photo taken?
weə ken aj hev ə pahspoht footoo teekən?

Ik wil graag bergschoenen huren/kopen
I'd like to hire/buy mountain boots
ajd lajk toe hajə/baj mauntən boets

Kan ik hier ski's huren/kopen?
I'd like to hire/buy skis
ajd lajk toe hajə/baj skiez

Verhuurt/verkoopt u ook skischoenen?
I'd like to hire/buy ski boots
ajd lajk toe hajə/baj skie boets

Ik wil graag een snowboard huren/kopen
I'd like to hire/buy a snowboard
ajd lajk toe hajə/baj ə snoobohd

Waar zijn de skipistes voor beginners?
Where are the beginners' slopes?
weə ah Də biĝinnəz sloops?

Zijn er langlaufloipes in de buurt?
Are there any runs for cross-country skiing?
ah Deə ennie runz foh kros kuntrie skiejing?

Zijn de langlaufloipes aangegeven?
Have the cross-country runs been marked?
hev Də kros kuntrie runz bien mahkt?

Zijn de skiliften open?
Are the ski lifts in operation?
ah Də skie lifts in oppəreesjn?

Zijn de stoeltjesliften open?
Are the chair lifts in operation?
ah Də tsjeə lifts in oppəreesjn?

Zijn de pistes open?
Are the slopes usable?
ah Də sloops joezəbl?

6.5 Wandelen en bergbeklimmen

Waar kan ik meer te weten komen over wandelpaden?
Where can I find out more about footpaths/mountainpaths?
weə ken aj fajnd aut moh əbaut foetpaDz/mauntənpaDz?

Zijn er wandelroutes/klimplaatsen met gids?
Can we go hiking/climbing with a guide?
ken wie ĝoo hajking/klajming wiD ə ĝajd?

Kan ik met iemand spreken die het gebied (goed) kent?
Can I speak to someone who knows this area (well)?
ken aj spiek toe sumwun hoe nooz Dis eəriə (wel)?

Moeten we ons tegen teken beschermen?
Do we have to protect ourselves against ticks?
doe wie hev toe prootekt auəselvz əgenst tiks?

Verkoopt/verhuurt u ook nordic-walkingstokken?
Can I buy/hire nordic-walking sticks here?
ken aj baj/hajə nohdik wohking stiks hiə?

Zijn de paden goed gemarkeerd?
Are the tracks clearly marked?
ah Də treks kliəlie mahkt?

Hoe hoog gaat de klim?
How far up do we climb?
hau fah up doe wie klajm?

Kunnen we terug? Ik heb last van hoogteziekte
Can we go back? I have a fear of heights
ken wie ĝoo bek? aj hev ə fiə əv hajts

Wat is de gemakkelijkste/kortste route?
What is the easiest/shortest route?
wot iz Di ieziejəst/sjohtəst roet?

Is de route het hele jaar toegankelijk/open?
Is this route open all year round?
iz Dis roet oopən ohl jiə raund?

Hoe laat wordt het donker?
What time does it get dark?
wot tajm duz it ĝet dahk?

Waar kan ik een (-)uitrusting huren?
Where can I hire (-)equipment?
weə ken aj hajə (–)ikwipmənt?

Waar kan ik (-)benodigdheden kopen?
Where can I buy (-) requisites?
weə ken aj baj (–) rekwizits?

Waar kan ik (mond)voorraad kopen?
Where can I buy provisions?
weə ken aj baj proovizjənz?

Waar kan ik de nacht doorbrengen?
Where can I spend the night?
weə ken aj spend Də najt?

Mag ik over uw land lopen?
Do we have right of way here?
doe wie hev rajt ov wee hiə?

6.6 Fitness en wellness

Is er een wellness center in de buurt?
Is there a wellness center near here?
iz Deə ə welnəs sentə niə hiə?

Ik ben op zoek naar een fitnesscentrum
I'm looking for a fittness center
ajm loeking fər ə fitnəs sentə

Kunt u mij aan het adres van een sportschool in de buurt helpen?
Can you find the address of a sportsschool near here for me?
ken joe fajnd Die əddres ov ə spohtskoel niə hiə foh mie?

Is er een sauna in het hotel?
Does the hotel have a sauna?
duz Də hootel hev ə sohnə?

Is er een schoonheidssalon in de buurt?
Is there a beauty parlour near here?
iz Deə ə bjoetie pahlə niə hiə?

Ik wil graag een massage
I'd like a massage
ajd lajk ə messahdz

Ik wil graag een uitgebreide schoonheidsbehandeling
I'd like a full beauty treatment
ajd lajk ə foel bjoetie trietmənt

Welke kruiden zitten er in dat kruidenbad?
Which herbs are there in this herbal bath?
witsj hubz ah Deə in Dis huhbl bahSs?

De modderpakking was geweldig!
The mudpack was lovely
Də mudpek woz luvlie

Kan ik hier een yogaklas volgen?
Do you give yoga classes here?
doe joe give jooĝa clahsiz hiə?

7 Winkelen

• Winkels

antiques	antiek
bakery	(banket)bakkerij
bargain basement	koopjeskelder
beauty parlour	schoonheidssalon
bicycle shop	rijwielhandel
book shop	boekhandel
building society	hypotheekbank
butcher's shop	slagerij
café	lunchroom
cake shop	banketbakkerij
call center	telefoonwinkel
camera shop	fotohandel
chemist	drogist
computer shop	computerzaak
dairy	melkproducten
delicatessen	delicatessenwinkel
department store	warenhuis
dispensing chemist	apotheek
dry cleaner's	stomerij
electrical appliances	huishoudelijke apparaten
fishmonger	vishandel
florist	bloemist
furniture shop	meubelzaak
greengrocer	groente en fruit
grocery store	kruidenier
hairdresser	kapsalon
hardware shop	ijzerwaren
health food shop	biologische winkel
household goods	huishoudelijke artikelen
ice cream parlour	ijssalon
jeweller's	juwelier
launderette	wasserette
mall	winkelcentrum
market	markt

newsagent	kranten/tijdschriften
newsstand	kiosk
off-licence	slijterij
optician	opticien
perfumery	parfumerie
pharmacy	apotheek
post office	postkantoor
record shop	cd-winkel
second-hand goods	tweedehandsartikelen
self-service	zelfbediening
shoe shop	schoenenwinkel
shopping arcade	winkelgalerij
shopping centre	winkelcentrum
sports shop	sportzaak
supermarket	supermarkt
tax-free shop	belastingvrije winkel
tobacconist	rookartikelen
toy shop	speelgoedzaak
travel agent	reisbureau

7.1 Algemeen

Is er een supermarkt op loopafstand?
Is there a supermarket within walking distance?
iz Deə a soepəmahkit wiDin wohking distəns?

Ik ben op zoek naar een warenhuis
Is there a department store in this neighbourhood?
iz Deə ə dipahtmənt stoh in Dis neebəhoed?

Is er hier in de buurt een winkelstraat?
Is there a shopping street in this neighbourhood?
iz Deə ə sjopping striet in Dis neebəhoed?

In welke winkel kan ik ... krijgen?
In what shop can I get ...?
in wot sjop ken aj ĝet ...?

Wanneer is deze winkel geopend?
When is this shop open?
wen iz Dis sjop oopən?

Kunt u me de ...-afdeling wijzen?
Could you tell me where the ... department is?
koed joe tel mie weə Də ... dipahtmənt iz?

Kunt u me helpen? Ik zoek ...
Could you help me, please? I'm looking for ...
koed joe help mie, pliez? ajm loeking foh ...

Verkoopt u Nederlandse/Belgische/Vlaamse kranten?
Do you sell Dutch/Belgian/Flemish newspapers?
doe joe sel dutsj/beldzjən/flemmisj njoespeepəz?

Verkoopt u ook iPod's? Ik ben op zoek naar een iPod touch
Do you sell iPods? I'm looking for an iPod touch
doe joe sel ajpodz? ajm loeking foh ən ajpod tutsj

Can I help you? — Kan ik u helpen?
Anything else? — Anders nog iets?

Ja/Nee. Ik had graag ...
Yes/No. I'd like ...
jes/noo. ajd lajk ...

Ik kijk wat rond, als dat mag
I'm just looking, if that's all right
ajm dzjust loeking, if Dets ohl rajt

Ja, geeft u me ook nog ...
Yes. I'd also like ...
jes, ajd ohlsoo lajk ...

Nee, dank u. Dat was het
No, thank you. That's all
noo, Senk joe. Dets ohl

Kunt u me ... laten zien?
Could you show me ...?
koed joe sjoo mie ...?

Ik wil liever ...
I'd prefer ...
ajd prifuh ...

Dit is niet wat ik zoek
This is not what I'm looking for
Dis iz not wot ajm loeking foh

Dank u. Ik kijk nog even verder
Thank you. I'll keep looking
Senk joe. ajl kiep loeking

Hebt u niet iets wat goedkoper is?
Do you have something less expensive?
doe joe hev sumSing les ikspensiv?

Hebt u niet iets kleiners/groters?
Do you have something smaller/bigger?
doe joe hev sumSing smohlə/biĝĝə?

Deze neem ik
I'll take this one
ajl teek Dis wun

Zit er een gebruiksaanwijzing bij?
Does it come with instructions?
Duz it kum wiD instruksjnz?

Ik vind het te duur
It's too expensive
its toe ikspensiv

Ik bied u ...
I'll give you ...
ajl ĝiv joe ...

Ik heb niet veel geld bij me
I haven't got much money with me
aj hevnt ĝot mutsj munnie wiD mie

Kunt u het goedkoper maken?
Can you make that cheaper?
ken joe meek Det tsjiepə?

Ik geef u er (niet meer dan) ... voor
I'm giving you not more than ... for it
ajm ĝiving joe not moh Den ... foh it

Wilt u dit voor mij bewaren? Ik kom het straks ophalen
Could you keep this for me? I'll come back for it later
koed joe kiep Dis foh mie? ajl kum bek foh it leetə

Hebt u een tasje voor me?
Have you got a bag for me, please?
hev joe ĝot ə beĝ foh mie, pliez?

Kunt u het inpakken in cadeaupapier?
Could you giftwrap it, please?
koed joe ĝiftrep it, pliez?

Ik wil dit graag terugbrengen
I would like to return this
aj woed lajk toe rituhn Dis

Dit artikel is niet goed
There's something wrong with this article
Deəz sumSing rong wiD Dis ahtikl

Dit artikel is kapot
This article is broken/out of order
Dis ahtikl iz brookn/aut əv ohdə

I'm sorry, we don't have that	Het spijt me, dat hebben we niet
I'm sorry, we're sold out	Het spijt me, dat is uitverkocht
I'm sorry, that won't come in before ...	Het spijt me, dat komt pas ... weer binnen

7.2 Levensmiddelen

Ik wil graag een ons ...
I'd like a hundred grams of ..., please
ajd lajk ə hundrid ĝremz ov ..., pliez

Ik wil graag een kilo ...
I'd like a kilo of ..., please
ajd lajk ə kieloo ov ..., pliez

Wilt u het voor me in plakjes/stukjes snijden?
Could you slice it/cut it up for me, please?
koed joe slajs it/kut it up foh mie, pliez?

Kan ik het bestellen?
Can I order it?
ken aj ohdə it?

Ik kom het morgen/om ... uur ophalen
I'll pick it up tomorrow/at ...
ajl pik it up təmorroo/et ...

Is dit om te eten/drinken?
Can you eat/drink this?
ken joe iet/drink Dis?

Wat zit erin?
What's in it?
wots in it?

Verkoopt u ook biologische producten?
Do you sell health food products?
doe joe sel helS foed produkts?

7.3 Kleding en schoenen

Ik heb in de etalage iets gezien. Zal ik het aanwijzen?
I saw something in the window. Shall I point it out?
aj soh sumSing in Də windoo. sjel aj pojnt it aut?

Ik wil graag iets wat hierbij past
I'd like something to go with this
ajd lajk sumSing toe ĝoo wiD Dis

Hebt u schoenen in dezelfde kleur als dit?
Do you have shoes to match this?
Doe joe hev sjoez toe metsj Dis?

Ik heb maat ... in Nederland/België
I'm a size ... in Holland/Belgium
ajm ə sajz ... in hollənd/beldzjəm

Mag ik dit passen?
Can I try this on?
ken aj traj Dis on?

Waar is de paskamer?
Where's the fitting room?
weəz Də fitting roem?

Het past me niet
It doesn't fit
it duznt fit

Dit is de goede maat
This is the right size
Dis iz Də rajt sajz

Kunt u het op maat maken?
Can you make it to measure?
ken joe meek it toe mezjə?

Het staat me niet
It doesn't look good on me
it duznt loek ĝoed on mie

Hebt u deze ook in het ...?
Do you have this/these in ...?
doe joe hev Dis/Diez in ...?

Ik vind de hak te hoog/laag
The heel's too high/low
Də hielz toe haj/loo

Is dit echt leer?
Is this/are these real leather?
iz Dis/ah Diez riəl leDə?

Ik zoek een ... voor een baby/kind van ... jaar
I'm looking for a ... for a ...-year-old baby/child
ajm loeking foh ə ... foh ə ...-jiə oold beebie/tsjajld

Ik had graag een ... van zijde
I'd like a silk ...
ajd like a silk ...

Verkoopt u ook ... van katoen of linnen?
I'd like a cotton/linen ...
ajd lajk ə kotn/ ə linnən ...

Ik ben op zoek naar een ... van wol
I'd like a woollen ...
ajd lajk ə woelən ...

Op welke temperatuur kan ik het wassen?
What temperature can I wash it at?
wot temprətsjə ken aj wosj it et?

Krimpt het in de was?
Will it shrink in the wash?
wil it sjrink in Də wosj?

Do not iron	Niet strijken
Do not spin dry	Niet centrifugeren
Drip dry	Nat ophangen
Dry clean	Chemisch reinigen
Hand wash	Handwas
Machine wash	Machinewas
Not in the drier	Niet in de droger

• Schoenreparaties

Kunt u deze schoenen repareren?
Could you mend these shoes?
koed joe mend Diez sjoez?
Kunt u hier nieuwe zolen/hakken onder zetten?
Could you put new soles/heels under these?
koed joe poet njoe soolz/hielz undə Diez?
Wanneer zijn ze klaar?
When will they be ready?
wen wil Dee bie reddie?
Ik wil graag een doosje schoensmeer
I'd like a tin of shoe polish, please
ajd lajk ə tin ov sjoe pollisj, pliez
Ik wil graag een paar veters
I'd like a pair of shoelaces, please
ajd lajk ə peə ov sjoeleesiz, pliez

7.4 Kapper

Moet ik een afspraak maken?
Do I have to make an appointment?
doe aj hev toe meek ən əpojntmənt?
Kunt u me direct helpen?
Can I come in straight away?
ken aj kum in street əwee?
Hoe lang moet ik wachten?
How long will I have to wait?
hau long wil aj hev toe weet?
Ik wil mijn haar laten knippen
I'd like a haircut
ajd lajk ə heəkut
Kan ik mijn haar hier laten wassen?
Can I have my hair washed here?
ken aj hev maj heə wosjt hiə?
Ik wil mijn haar graag laten föhnen
Could you blow-dry my hair?
koed joe bloo-draj maj heə?
Ik wil graag coupe soleil
I'd like highlights
ajd lajk hajlajts
Hebt u een kleurenkaart, a.u.b.?
I'd like to see a colour chart, please
ajd lajk toe sie ə kullə tsjaht, pliez

Ik wil dezelfde kleur houden
I want to keep it the same colour
aj wont toe kiep it Də seem kullə

Ik wil het donkerder/lichter
I'd like it darker/lighter
ajd lajk it dahkə/lajtə

Ik wil wel/geen versteviger in mijn haar
I'd like/I don't want hairspray
ajd lajk/aj doont wont heəspree

Ik wil wel/geen gel
I'd like/I don't want gel
ajd lajk/aj doont wont dzjel

Ik wil mijn pony kort
I'd like a short fringe
ajd lajk ə sjoht frindzj

Wilt u mijn pony bijknippen?
Could you trim my fringe?
koed joe trim maj frindzj?

Ik wil het van achteren niet te kort
Not too short at the back
not toe sjoht et Də bek

Ik wil het hier niet te lang
Not too long here
not toe long hiə

Ik wil (niet te veel) krullen
(not too many) curls
(not toe mennie) kuhlz

Ik wil de oren vrij
above the ears
əbuv Di iəz

Er moet een klein stukje/flink stuk af
It needs a little/a lot taken off
it niedz ə litl/ə lot teekən of

Ik wil mijn haar zoals die mevrouw
I'd like it the same as that lady's
ajd lajk it Də seem ez Det leediez

Ik wil mijn haar zoals op deze foto
I'd like it the same as in this photo
ajd lajk it Də seem ez in Dis footoo

Kunt u de kap hoger/lager zetten?
Could you put the drier up/down a bit?
koed joe poet Də drajə up/daun ə bit?

How do you want it cut?	Hoe wilt u uw haar geknipt hebben?
What style did you have in mind?	Welk model hebt u op het oog?

What colour did you want it? — Welke kleur moet het worden?
Is the temperature all right for you? — Is dit de goede temperatuur?
Would you like something to read? — Wilt u iets te lezen hebben?
Would you like a drink? — Wilt u iets drinken?
Is this what you had in mind? — Is het zo naar uw zin?

Kan ik hier mijn baard laten bijknippen?
Could you trim my beard?
koed joe trim maj biəd?
Wilt u mijn snor bijknippen?
Could you trim my moustache?
koed joe trim maj moestasj?
Scheren, a.u.b.
I'd like a shave, please
ajd lajk ə sjeev, pliez
Ik wil nat geschoren worden
I'd like a wet shave, please
ajd lajk ə wet sjeev, pliez

7.5 Afrekenen

Waar kan ik afrekenen?
Where is the cash desk?
weə iz Də kesj desk?
Hoeveel is dit bij elkaar?
How much is altogether?
hau mutsj iz Dis ohltoegeDə?
Kan ik pinnen?
Can I use my cash card here?
ken aj joez maj kesj kahd hiə?
Kan ik met een creditcard betalen?
Do you take credit cards?
doe joe teek kreddit kahdz?
U hebt me te veel/weinig (terug)gegeven
You've given me too much/you haven't given me enough change
joev ĝivn mie toe mutsj/joe hevnt ĝivn mie inuf tsjeendzj
Wilt u dit nog eens narekenen?
Could you check this again, please?
koed joe tsjek Dis əĝen, pliez?
Kunt u me de kassabon geven?
Could I have a receipt, please?
koed aj hev ə risiet, pliez?
Ik heb niet genoeg geld bij me
I don't have enough money on me
aj doont hev inuf munnie on mie

Alstublieft, dit is voor u
This is for you
Dis iz foh joe

Houdt u het wisselgeld maar
Keep the change
kiep Də tsjeendzj

You can pay at the cash desk	U kunt aan de kassa afrekenen
We don't accept credit cards	We nemen geen creditcards aan
You can't use your cash card here	U kunt hier niet pinnen
Your card is not accepted. Pay some other way	De transactie is niet gelukt. Betaal anders

8 Eten en uitgaan

8.1 In het restaurant

Kan ik een tafel voor zeven uur reserveren?
I'd like to book a table for seven o'clock, please
ajd lajk toe boek ə teebl foh sevn əklok, pliez

Graag een tafel voor twee personen
I'd like a table for two, please
ajd lajk ə teebl foh toe, pliez

Wij hebben wel/niet gereserveerd
We've/we haven't booked
wiev/wie hevnt boekt

Is de keuken al open?
Is the kitchen open yet?
iz Də kitsjin oopən jet?

Hoe laat gaat de keuken open/dicht?
What time does the kitchen open/close?
wot tajm duz Də kitsjin oopən/klooz?

Is er een tafel vrij?
Do you have a table (for us)?
doe joe hev ə teebl (fər us)?

Kunnen we op een tafel wachten?
Can we wait for a table?
ken wie weet foh ə teebl?

Moeten we lang wachten?
Do we have to wait long?
doe wie hev toe weet long?

Is deze (eet)gelegenheid rookvrij?
Ist this a smoke-free restaurant?
iz Dis ə smookfrie restorənt?

Waar kan ik hier roken?
Where can I smoke here?
weə ken aj smook hiə?

Do you have a reservation?	Hebt u gereserveerd?
What name, please?	Onder welke naam?
This way, please	Deze kant op, a.u.b.
This table is reserved	Deze tafel is gereserveerd
We'll have a table free in fifteen minutes	Over een kwartier hebben wij een tafel vrij
Would you like to wait (at the bar)?	Wilt u zolang (aan de bar) wachten?

Is deze plaats bezet?
Is this seat taken?
iz Dis siet teekən?

Mogen wij hier/daar zitten?
Could we sit here/there?
koed wie sit hiə/Deə?

Mogen wij bij het raam zitten?
Can we sit by the window?
ken wie sit baj Də windoo?

Kunnen we ook buiten eten?
Can we eat outside as well?
ken wie iet autsajd ez wel?

Hebt u nog een stoel voor ons?
Do you have another chair for us?
doe joe hev ənuDə tsjeə foh us?

Hebt u een kinderstoel voor ons?
Do you have a high chair?
doe joe hev ə haj tsjeə?

Is er voor deze flessenwarmer een stopcontact?
Is there a socket for this bottle-warmer?
iz Deə ə sokkit foh Dis botlwohmə?

Kunt u dit flesje/potje voor mij opwarmen?
Could you warm up this bottle/jar for me?
koed joe wohm up Dis botl/dzjah foh mie?

Niet te warm, a.u.b.
Not too hot, please
not toe hot, pliez

Is hier een ruimte waar ik de baby kan verzorgen?
Is there somewhere I can change the baby's nappy?
iz Deə sumweə aj ken tsjeendzj Də beebiez neppie?

Waar is het toilet?
Where's the bathroom?
weəz Də bahSroom?

8.2 Bestellen

Ober!
Waiter!
weetə!

Mevrouw!
Miss!
mis!

Meneer!
Sir!
suh!

Wij willen graag wat eten/drinken
We'd like something to eat/a drink
wied lajk sumSing toe iet/ə drink

Kan ik snel iets eten?
Could I have a quick meal?
koed aj hev ə kwik miəl?

Wij hebben weinig tijd
We don't have much time
wie doont hev mutsj tajm

Wij willen eerst nog wat drinken
We'd like to have a drink first
wied lajk toe hev ə drink fuhst

Mogen wij de menukaart/wijnkaart?
Could we see the menu/wine card, please?
koed wie sie Də menjoe/wajn kahd, pliez?

Twee bier, a.u.b.
Two lagers, please
toe lahĝəz, pliez

Hebt u een dagschotel?
Do you have a dish of the day?
doe joe hev ə disj ov Də dee?

Ik wil het vlees graag medium/well done/doorbakken
I'd like my meat medium done/well done/well done
ajd lajk maj miet miedjum dun/wel dun/wel dun

We weten het nog niet
We haven't made our choice yet
wie hevnt meed auwə tsjojs jet

Wat kunt u ons aanbevelen?
What do you recommend?
wot doe joe rekkəmend?

Wat zijn de specialiteiten van deze streek/het huis?
What are the specialties of the region/the house?
wot ah Də spesjltiez ov Də riedzjən/Də haus?

Ik houd van aardbeien/olijven
I like strawberries/olives
aj lajk strohbriez/ollivz

Ik houd niet van vis/vlees
I don't like fish/meat
aj doont lajk fisj/miet

Wat is dit?
What's this?
wots Dis?

Zitten er ... in?
Does it have ... in it?
duz it hev ... in it?

Waar lijkt het op?
What's it taste like?
wots it teest lajk?

Kan ik daar een extra portie kip/ham bij krijgen?
Can I have an extra portion of chicken/ham?
ken aj hev ən ekstrə pohsjn əv tsjikkən/hem?

Is dit gerecht warm of koud?
Is this a hot or a cold dish?
iz Dis ə hot oh ə koold disj?

Is dit gerecht zoet?
Is this dish sweet?
iz Dis disj swiet?

Is dit gerecht pikant/gekruid?
Is this dish spicy?
iz Dis disj spajsie?

Hebt u misschien iets anders?
Do you have something else, please?
doe joe hev sumSing els, pliez?

Are you ready to order?	Hebt u uw keuze gemaakt?
Would you like a drink first?	Wilt u een aperitief gebruiken?
What would you like to drink?	Wat wilt u drinken?
Enjoy your meal	Eet smakelijk
Would you like a dessert/coffee?	Wilt u nog een nagerecht/koffie?

Graag hetzelfde als die mensen
I'll/we'll have what those people are having
ajl/wiel hev wot Dooz piepl ah hevving

Ik wil graag ...
I'd like ...
ajd lajk ...

Wij nemen geen voorgerecht
We're not having entrées
wiə not hevving ontreez

Het kind zal wat van ons menu mee-eten
The child will eat from our plates
Də tsjajld wil iet from auwə pleets

Nog wat brood, a.u.b.
Could I have some more bread, please?
koed aj hev sum moh bred, pliez?

We willen graag nog een fles water/wijn
Could I have a bottle of water/wine, please?
koed aj hev ə botl ov wohtə/wajn, pliez?

Kunnen we nog een portie ... krijgen?
Could I have another helping of ..., please?
koed aj hev ənuDə helping ov ..., pliez?

Kunt u zout en peper brengen, a.u.b.?
Could I have some salt and pepper, please?
koed aj hev sum sohlt en peppə, pliez?

Kunnen we nog wat extra servetten krijgen?
Could I have a few more serviettes, please?
koed aj hev ə fjoe moh suhvi-ets, pliez?

Kunt u een lepeltje brengen, a.u.b.?
Could I have a teaspoon, please?
koed aj hev ə tiespoen, pliez?

Hebt u ook tandenstokers?
Could I have some toothpicks, please?
koed aj hev sum toeSpiks, pliez?

Ik wil graag een glas water
Could I have a glass of water, please?
koed aj hev ə ĝlahs ov wohtə, pliez?

Kunt u een rietje (voor het kind) brengen, a.u.b.?
Could I have a straw (for the child), please?
koed aj hev ə stroh (foh Də tsjajld), pliez?

Het is heerlijk!
It's delicious
its dilisjəs

Eet smakelijk!
Enjoy your meal!
indzjoj joh miel!

Van hetzelfde
You too!
joe toe!

Proost!
Cheers!
tsjiəz!

Het volgende rondje is voor mij
The next round's on me
Də nekst raundz on mie

Mogen we de restjes meenemen?
Could we have a doggy bag, please?
koed wie hev ə doĝĝie beĝ, pliez?

• Dieetwensen

Ik ben vegetariër/veganist
I'm a vegetarian/vegan
ajm ə vedzjəteəriən/vieĝən

Hebt u vegetarische gerechten?
Are there any vegetarian dishes on the menu?
ah Deə ennie vedzjəteəriən disjiz on Də menjoe?

Zit er vlees in dit gerecht?
Is there meat in this dish?
iz Deə miet in Dis disj?

Is dit koosjer/halal?
Is this kosher/halal?
iz Dis koosjə/halal?

Ik eet geen rundvlees/varkensvlees
I don't eat beef/pork
aj doont iet bief/pohk

Ik lust geen vis/kaas
I don't like fish/cheese
aj doont lajk fisj/tsjiez

Bevat dit gerecht eieren/melkproducten?
Is this dish made with eggs/dairy products?
iz Dis disj meed wiD egz/deərie produkts?

Is dit gerecht glutenvrij?
Does this dish contain gluten?
duz Dis Disj kənteen gloetən?

Zit er suiker in dit gerecht?
Is there sugar in this dish?
iz Deə sjoeĝə in Dis disj?

Ik mag geen suiker
I'm not allowed sugar
ajm not əlaud sjoeĝə

Is dit gerecht zoutloos?
Is this dish salt-free?
iz Dis disj sohltfrie?

Ik mag geen zout (eten)
I'm on a salt-free diet
ajm on ə sohltfrie dajət

Kan ik dit gerecht zonder ... krijgen?
Can I get this dish without ...?
ken aj ĝet Dis disj wiDaut ...?

Ik ben allergisch voor noten/gluten
I'm allergic to nuts/gluten
ajm əluhdzjik toe nuts/ĝloetən

Ik mag geen varkensvlees
I can't eat pork
aj kahnt iet pohk

Ik mag geen vet
I can't eat fatty foods
aj kahnt iet fettie foedz

Ik mag geen (scherpe) kruiden
I can't eat (hot) spices
aj kahnt iet (hot) spajsiz
Hebt u ook iets met weinig calorieën?
Do you have a low-calorie dish?
doe joe hev ə loo kelərie disj?

• Menukaart

alcoholic beverages	alcoholische dranken
appetizer	aperitief/(Am) voorgerechtje
cold beverages	koude dranken
cold dishes	koude gerechten
entrées	(Am) voorgerechten
hot beverages	warme dranken
hot dishes	warme gerechten
main courses	hoofdgerechten
pastry	taart, gebak
service not included	bediening niet inbegrepen
soft drinks	frisdrank
soups	soepen
specialties	specialiteiten
starters	voorgerechten
sweets	nagerechten
wines	wijnen

• Dranken en gerechten

ale	sterkgehopt bier
almonds	amandelen
apple dumpling	appelbol
apple fritters	appelbeignets
apricots	abrikozen
artichoke	artisjok
asparagus	asperge
bacon and eggs	gebakken eieren met spek
baked beans	witte bonen in tomatensaus
banana	banaan
bangers	worstjes
basil	basilicum
beans	bonen
beef	rundvlees
beer	bier
beetroot	rode biet
berries	bessen
bitter	bitter bier
blackcurrants	zwarte bessen
black pudding	bloedworst
boiled	gekookt
bottle	fles
bovril	bouillondrank
brains	hersenen

braised	gestoofd
brawn	hoofdkaas (zult)
bread	brood
breadcrumbed/ breaded	gepaneerd
breast	borst
broad beans	tuinbonen
broth	bouillon
Brussels sprouts	spruitjes
bun	broodje
butter	boter
buttermilk	karnemelk
cabbage	kool
cake	gebak/gebakje
carrots	worteltjes
casserole	ragout
cauliflower	bloemkool
celery	selderij
cereals	cornflakes e.d.
cheddar	harde, pittige kaas
cheese	kaas
cherries	kersen
chicken	kip/kippenvlees
chicory	witlof
chips	frites
chop	kotelet
cider	appelwijn
cinnamon	kaneel
cod	kabeljauw
coffee (black/ white)	koffie (zwart/met melk)
cordial	aanmaaklimonade
corn (on the cob)	maïs (aan de kolf)
cranberries	veenbessen
crayfish	rivierkreeft
cream	room
crêpe	pannenkoekje
croquettes	kroketjes
crumble	kruimeltaart met vruchten
crumpet	soort beschuitbol
cucumber	komkommer
curry	kerrie
cutlet	kotelet
deep-fried	gefrituurd
draught	van de tap
dressing	saus
drumstick	kippenpoot
dry	droog
duck	eend
eel	paling
endive	andijvie
fillet	filet
fillet steak	biefstuk van de haas
fish	vis
fizzy	mousserend
flaky pastry	bladerdeeg
fried	gebakken, gebraden
fried egg	spiegelei
fried rice	nasi
fritters	beignets
game	wild
garlic	knoflook
garnished	gegarneerd
gin	jenever
ginger	gember
glazed	geglaceerd
goose liver	ganzenlever
grapes	druiven
gravy	jus
green beans	sperziebonen
grilled	gegrild
guinea fowl	parelhoen
haddock	schelvis
halibot	heilbot
ham and eggs	uitsmijter
heart	hart
herring	haring
horseradish	mierikswortel
ice cream	ijs
icing	suikerglazuur

jacket potato	gepofte aardappel in de schil
juice	sap
kidneys	niertjes
kippers	gerookte, gezouten haring
lager	pils
lamb	lamsvlees
leek	prei
leg	bout
lemon	citroen
lemonade	citroenlimonade
lemon squash	kwast
lentils	linzen
lettuce	sla
lime	limoen
liver	lever
lobster	kreeft
mackerel	makreel
marinated	gemarineerd
mashed potato/ mash	aardappelpuree
meat	vlees
medium (steak)	normaal gebakken (biefstuk)
melon	meloen
meringue	schuimgebak
milk	melk
minced meat/ mince	gehakt
mint sauce	kruizemuntsaus
mixed salad	gemengde salade
mushrooms	champignons
mussels	mosselen
noodles	bami
nuts	noten
oil	olie
olive	olijf
onion	ui
orange	sinaasappel
orangeade	sinas
orange juice	jus d'orange
oxtail (soup)	ossenstaart(soep)
oysters	oesters
pancake	pannenkoek
parsley	peterselie
partridge	patrijs
pastry	korstdeeg
pasty	vleespasteitje
peach	perzik
peanuts	pinda's
pear	peer
peas	doperwten
pepper	peper (ook: paprika)
pheasant	fazant
pickled	in het zuur
pie	pastei
pike	snoek
pineapple	ananas
plaice	schol
plum	pruim
poached	gepocheerd
pork	varkensvlees
porridge	havermoutpap
potatoes	aardappelen
potato salad	aardappelsalade
poultry	gevogelte
prawns	steurgarnalen
quail	kwartel
rabbit	konijn
radishes	radijsjes
rare (steak)	lichtgebakken (biefstuk)
raspberries	frambozen
raw	rauw
red	rood
rice	rijst
roast	gebraden
roast beef	rosbief
roll	broodje
rump steak	biefstuk
sage	salie

salmon	zalm
salmon trout	zalmforel
salt	zout
sauce	saus
sausages	worstjes
scones	kleine, zoete broodjes
scrambled egg	roerei
seafood	zeebanket
shellfish	schelpdieren
shepherd's pie	gehakt met korst van aardappelpuree
shrimps	garnalen
sirloin steak	lendenbiefstuk
smoked	gerookt
snails	slakken
sole	tong (vis)
soy sauce	sojasaus (ketjap)
spices	specerijen
spinach	spinazie
steak	runderlap
steak and kidney pie	vlees en niertjes in korstdeeg
steamed	gestoomd
stew	ragout
stout	donker bier
strawberries	aardbeien
stuffed	gevuld
sugar	suiker
sweet	zoet
sweet and sour	zoetzuur
sweetcorn	maïs
tea	thee
tenderloin	ossenhaas
thyme	tijm
toad in the hole	gebraden worstjes gebakken in beslag
tomato	tomaat
treacle	stroop
trifle	custardtoetje met fruit, room en cake
trout	forel
tuna	tonijn
turkey	kalkoen
veal	kalfsvlees
vegetables	groente
venison	wildbraad/hertenvlees
vinegar	azijn
vintage	wijnjaar
waldorf salad	salade met noten
watercress	waterkers
well done (steak)	goed doorbakken (biefstuk)
whipped cream	slagroom
white	wit
wine	wijn
yorkshire pudding	in oven gebakken beslag

8.3 Klachten

Het duurt wel erg lang
It's taking a very long time
its teeking ə verrie long tajm

Wij zitten hier al een uur
We've been here an hour already
wiev bien hiə ən auwə ohlreddie

Dit moet een vergissing zijn
This must be a mistake
Dis must bie ə misteek

Dit is niet wat ik besteld heb
This is not what I ordered
Dis iz not wot aj ohdəd

Ik heb om ... gevraagd
I ordered ...
aj ohdəd ...

Er ontbreekt een gerecht
We're a dish short
wierə disj shoht

Dit is kapot/niet schoon
This is broken/not clean
Dis iz brookən/not klien

Het eten is koud
The food's cold
Də foedz koold

Het eten is niet vers
The food's not fresh
Də foedz not fresj

Het eten is te zout/zoet
The food's too salty/sweet
Də foedz toe sohltie/swiet

Dit eten is niet gekruid genoeg
This food is not spicy enough
Dis foed iz not spajsie inuf

Het vlees is niet gaar
The meat's not done
Də miets not dun

Het vlees is te gaar
The meat's overdone
Də miets oovədun

Kunt u mij hier iets anders voor geven?
Could I have something else instead of this?
koed aj hev sumSing els insted ov Dis?

De rekening/dit bedrag klopt niet
The bill/this amount is not right
Də bil/Dis əmaunt iz not rajt

Dit hebben wij niet gehad
We didn't have this
wie didnt hev Dis

Er is geen toiletpapier op het toilet
There's no paper in the toilet
Deəz noo peepə in Də tojlit

Wilt u a.u.b. uw chef roepen?
Will you call the manager, please?
wil joe kohl Də mennidzjə, pliez?

8.4 Afrekenen

Zie ook 7.5 *Winkelen, Afrekenen.*

Wat is de prijs van dit gerecht?
How much is this dish?
hau mutsj iz Dis disj?

De rekening, a.u.b.
Could I have the bill, please?
koed aj hev Də bil, pliez?

Alles bij elkaar
All together
ohl təĝeDə

Ieder betaalt voor zich
Everyone pays separately
evriwun peez seprətlie

Mogen wij de kaart nog even zien?
Could we have the menu again, please?
koed wie hev Də menjoe əĝen, pliez?

De ... staat niet op de rekening
The ... is not on the bill
Də ... iz not on Də bil

De volgende keer betaal ik/betalen wij
Next time it's on me/us
nekst tajm its on mie/us

Kunt u het op mijn rekening zetten?
Could you put it on my bill?
koed joe poet it on maj bil?

Is de bediening (bij dit bedrag) inbegrepen?
Does this amount include service?
duz Dis əmaunt inkloed suhvis?

8.5 Uitgaan

Zijn er evenementen in deze periode?
Are there any big events this time of year?
ah Deə ennie biĝ ievents Dis tajm ov jiə?

Zijn er festivals die u kunt aanraden?
Are there any festivals you could recommend?
ah Deə ennie festivəlz joe koed rekkəmend??

Zijn er popconcerten de komende weken?
Are there any pop concerts in the next few weeks?
ah Deə ennie pop konsəts in Də nekst fjoe wieks?

Hebt u de uitgaanskrant van deze week/deze maand?
Do you have this week's/month's entertainment guide?
doe joe hev Dis wieks/munSs entəteenmənt ĝajd?

Wat is er vanavond te doen?
What's on tonight?
wots on tənajt?

We willen naar ...
We want to go to ...
wie wont toe ĝoo toe ...

Ik wil naar de bioscoop
I want to go to the cinema tonight
aj wont toe ĝoo toe Də sinimə toenajt

Welke films draaien er?
What films are showing?
wot filmz ah sjoowing?

Wat voor film is dat?
What sort of film is that?
wot soht ov film iz Det?

alle leeftijden
rated U
reetid joe

boven de 12/16 jaar
rated AA
reetid eejee

originele versie
original version
əridzjnl vuhsjn

met ondertitels
subtitled
subtajtld

nagesynchroniseerd
dubbed
dubd

Ik wil vanavond naar de kroeg
I want to go to the pub tonight
aj wont toe ĝoo toe Də pub toenajt

Ik wil morgen naar het theater
I want to go to the theatre tonight
aj wont toe ĝoo toe Də Siətə toenajt

Wat is er te doen in het theater?
What's on at the theatre?
wots on et Də Siətə?

Hoe laat begint de show?
What time does the show start?
wot tajm duz Də sjoo staht?

Is het een doorlopende voorstelling?
Is it a continuous showing?
iz it ə kəntinjoewəs sjoowing?

Is er nog iets leuks te doen in het concertgebouw?
Is there something interesting on at the concert hall?
iz Deə sumSing intresting on et Də konsət hohl?

Wil je vanavond mee naar een concert?
You want to come to a concert with me tonight?
joe wont toe kum toe ə konsət wiD mie toenajt?

Ik wil vanavond naar een opera
I want to go to the opera tonight
aj wont toe ĝoo toe Di oprə toenajt

Zullen we uit eten gaan?
I want to go to a restaurant tonight
aj wont toe ĝoo toe ə restərahn toenajt

Waar is het uitgaanscentrum?
Where is the entertainment area?
weə iz Di entəteenmənt eəriə?

Ga je mee naar een discotheek?
I want to go to a disco tonight
aj wont toe ĝoo toe ə diskoo toenajt

Waar kun je hier leuk stappen?
Where do you suggest we should go for an evening on the town?
weə doe joe sədzjest wie sjoed ĝoo foh ən ievning on Də taun?

Ik heb zin om te dansen
I'd like to go dancing
ajd lajk toe ĝoo dahnsing

Is lidmaatschap vereist?
Is it members only?
iz it membəz oonlie?

Waar is hier een goede nachtclub?
Where can I find a good nightclub around here?
weə ken aj fajnd ə ĝoed najtklub əraund hiə?

Is avondkleding verplicht?
Is it evening wear only?
iz it ievning weə oonlie?

Is avondkleding gewenst?
Should I/we dress up?
sjoed aj/wie dres up?

Ik wil vanavond naar een karaokebar
I want to go to a karaoke bar
aj wont toe ĝoo toe ə kahrah-ookie bah toenajt

Zijn deze stoelen bezet?
Are these seats taken?
ah Diez siets teekən?

Ik kom je om ... halen
I'll pick you up at ...
ajl pik joe up et ...

Als ik er om ... nog niet ben, moet je maar vast gaan
If I'm not there at ..., you just go on your own
if ajm not Deə et ..., joe dzjust ĝoo on joh oon

Wanneer is de eerstvolgende voetbalwedstrijd?
When's the next soccer match?
wenz Də nekst sokkə metsj?

Wie spelen er tegen elkaar?
Who's playing?
hoez pleejing?

8.6 Kaartjes reserveren

Kunt u voor ons reserveren?
Could you book some tickets for us?
koe joe boek sum tikkits foh us?

We willen een tafeltje in de zaal
We'd like to book a table in the stalls
wied lajk toe boek ... siets/ə teebl in Də stohlz

Zijn er nog plaatsen op het balkon?
We'd like to book ... seats on the balcony
wied lajk toe boek ... siets/ə teebl on Də belkənie

Ik zou graag ... plaatsen in de loge willen reserveren
We'd like to book ... box seats
wied lajk toe boek ... boks siets

We willen ... plaatsen vooraan
We'd like to book ... seats at the front
wied lajk toe boek ... siets et Də frunt

We willen het liefst plaatsen achteraan
We'd prefer ... seats at the back
wied prifuh siets at Də bek

Kan ik ... plaatsen voor de voorstelling van ... uur reserveren?
Could I book ... seats for the ... o'clock performance?
koed aj boek ... siets foh Də ... əklok pəfohməns?

Zijn er nog kaartjes voor vanavond?
Are there any seats left for tonight?
ah Deə ennie siets left foh tənajt?

Hoeveel kost een kaartje?
How much is a ticket?
hau mutsj iz ə tikkit?

Wanneer kan ik de kaartjes ophalen?
When can I pick up the tickets?
wen ken aj pik up Də tikkits?

Ik heb gereserveerd
I've got a reservation
ajv ĝot ə rezzəveesjn

Mijn naam is ...
My name's ...
maj neemz ...

Which performance do you want to book for?	Voor welke voorstelling wilt u reserveren?
Where would you like to sit?	Waar wilt u zitten?
Everything's sold out	Alles is uitverkocht
It's standing room only	Er zijn alleen nog staanplaatsen
We've only got balcony seats left	Er zijn alleen nog plaatsen op het balkon
We've only got seats left in the gallery	Er zijn alleen nog plaatsen op het schellinkje
We've only got stalls seats left	Er zijn alleen nog plaatsen in de zaal
We've only got seats left at the front	Er zijn alleen nog plaatsen vooraan
We've only got seats left at the back	Er zijn alleen nog plaatsen achteraan
How many seats would you like?	Hoeveel plaatsen wilt u?
You'll have to pick up the tickets before ... o'clock	U moet de kaartjes vóór ... uur ophalen
Tickets, please	Mag ik uw plaatsbewijzen zien?
This is your seat	Dit is uw plaats

9 Gezondheid

9.1 De dokter roepen

Wilt u a.u.b. snel een dokter bellen/halen?
Could you call/fetch a doctor quickly, please?
koed joe kohl/fetsj ə doktə kwiklie, pliez?

Kan ik een dokter spreken?
Can I see a doctor?
ken aj sie ə doktə?

Er is haast bij
It is urgent
it iz uhdzjənt

Wanneer heeft de dokter spreekuur?
When does the doctor have surgery?
wen duz Də doktə hev suhdzjərie?

Wanneer kan de dokter komen?
When can the doctor come?
wen ken Də doktə kum?

Kunt u voor mij een afspraak bij de dokter maken?
I'd like to make an appointment to see the doctor
ajd lajk toe meek ən əpojntmənt toe sie Də doktə

Ik heb een afspraak met de dokter om ... uur
I've got an appointment to see the doctor at ...
ajv ĝot ən əpojntmənt toe sie Də doktə et ...

Welke dokter heeft nachtdienst?
Which doctor has night duty?
witsj doktə hez najt djoetie?

Welke apotheek heeft weekenddienst?
Which pharmacy has weekend duty?
witsj fahməsie hez weekend djoetie?

9.2 Klachten van de patiënt

Ik voel me niet goed
I don't feel well
aj doont fiel wel

Ik ben duizelig
I'm dizzy
ajm dizzie

Ik ben ziek
I'm ill
ajm il

Ik ben misselijk
I feel sick
aj fiel sik

Ik ben verkouden
I've got a cold
ajv ĝot ə koold

Ik heb hier pijn
It hurts here
it huhts hiə

Ik heb overgegeven
I've been throwing up
ajv bien Sroowing up

Ik heb last van ...
I've got ...
ajv ĝot ...

Ik heb oorpijn
I have an ear ache
aj hev ən iər eek

Ik heb last van huiduitslag
I've got a rash
aj ĝot ə resj

Mijn zoontje is al twee dagen aan de diarree
My little boy has had diarrhoea for two days now
maj litl boj hez hed dajəriə foh toe deez nau

Ik ben bang dat ik een soa heb opgelopen
I'm afraid I've contracted an S.T.D.
ajm əfreed ajv kontrektid ən es tie die

Ik heb koorts
I'm running a temperature
ajm running ə tempratsjə

Ik ben gestoken door een wesp
I've been stung by a wasp
ajv bien stung baj ə wosp

Ik ben gestoken door een insect
I've been stung by an insect
ajv bien stung baj ən insekt

Ik ben gebeten door een hond
I've been bitten by a dog
ajv bien bitn baj ə doĝ

Ik ben gebeten door een kwal
I've been stung by a jellyfish
ajv bien stung baj ə dzjellifisj

Lichaamsdelen

1	**achter-hoofd**	back of the head	*bek əv Də hed*
2	**arm**	arm	*ahm*
3	**been**	leg	*leĝ*
4	**bil**	buttock	*butək*
5	**borst**	breast	*brest*
6	**borstkas**	chest	*tsjest*
7	**buik**	belly	*belli*
8	**elleboog**	elbow	*elboo*
	gebit	teeth	*tieS*
9	**geslachts-delen**	genitals	*dzjenitəlz*
10	**gezicht**	face	*fees*
11	**hals**	neck	*nek*
12	**hand**	hand	*hend*
13	**heup**	hip	*hip*
14	**hiel**	heel	*hiel*
15	**hoofd**	head	*hed*
16	**kaak**	jaw	*dzjoh*
17	**keel**	throat	*Sroot*
18	**kin**	chin	*tsjin*
19	**knie**	knee	*nie*
20	**kuit**	calf	*kahf*
21	**lende**	loin	*lojn*
22	**lies**	groin	*ĝrojn*
23	**mond**	mouth	*mauS*
24	**navel**	navel	*neevəl*
25	**nek**	neck	*nek*
26	**neus**	nose	*nooz*
27	**oksel**	armpit	*ahmpit*
28	**onderbuik**	abdomen	*ebdəmən*
29	**oog**	eye	*aj*
30	**oogkas**	eye socket	*aj sokit*
31	**oor**	ear	*ieə*
32	**pols**	wrist	*rist*
33	**rug**	back	*bek*
34	**schouder**	shoulder	*sjooldə*
35	**teen**	toe	*too*
36	**tepel**	nipple	*nipl*
37	**vinger**	finger	*finĝĝə*
38	**voet**	foot	*foet*
39	**voorhoofd**	forehead	*fohhed*
40	**wang**	cheek	*tsjiek*
41	**wreef**	instep	*instep*
42	**zij**	side	*sajd*
43	**zitvlak**	bottom	*botəm*

Beenderen, gewrichten en spieren

bekken	pelvis	*pelvis*
buikspier	stomach muscle	*stumək musl*
dijbeen	thighbone	*Sajboon*
halswervel	cervical vertebra	*suhvikl vuhtəbra*
knieschijf	kneecap	*niekep*
kuitspier	calf-muscle	*kahf-musl*
jukbeen	cheek-bone	*tsjiek-boon*
kuitbeen	fibula	*fibjoela*
middenrif	diaphragm	*dajəfrem*
neusholte	nasal passage	*neezəl pesidzj*
rib	rib	*rib*
schedel	skull	*skul*
scheenbeen	shinbone	*sjinboon*
schouderblad	shoulder blade	*sjooldə bleed*
sleutelbeen	collarbone	*koləboon*
spier	muscle	*musl*
tong	tongue	*tung*
trommelvlies	eardrum	*ieədrum*
wervelkolom	spinal column	*spajnəl kolum*

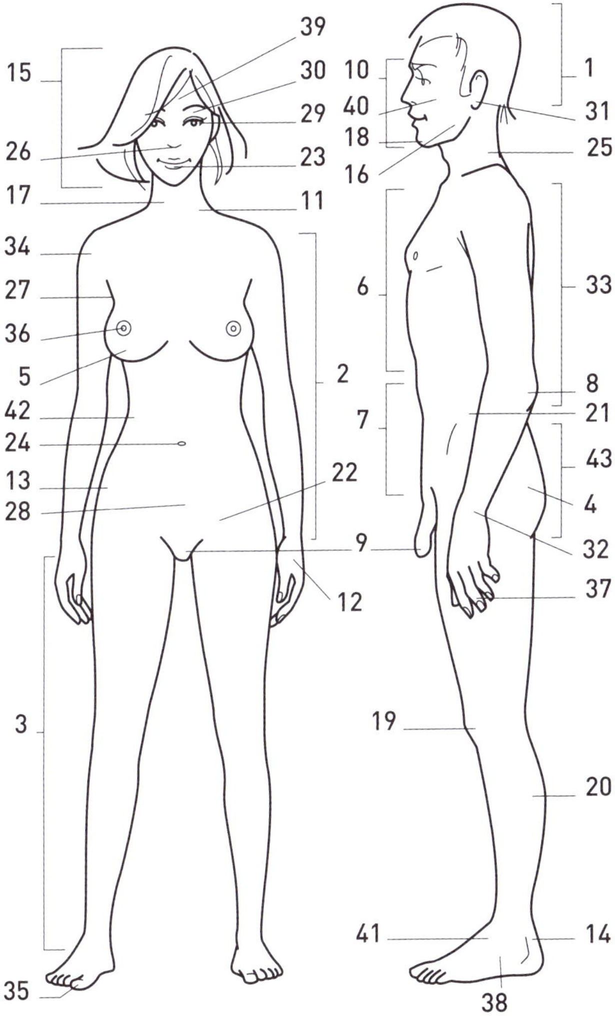
39
15
30
10
1
29
40
31
18
26
23
25
16
17
11
34
6
33
27
36
5
2
8
42
21
7
24
43
13
22
4
28
9
32
12
37
3
19
20
41
14
35
38

Ik ben gebeten door een slang
I've been bitten by a snake
ajv bien bitn baj ə sneek
Ik heb me gesneden
I've cut myself
ajv kut majself
Ik heb me gebrand
I've burned myself
ajv buhnt majself
Ik heb me geschaafd
I've grazed myself
ajv ĝreezd majself
Ik ben gevallen
I've had a fall
ajv hed ə fohl
Ik heb mijn enkel verzwikt
I've sprained my ankle
ajv spreend maj enkl
Ik kom voor de morning-afterpil
I've come for the morning-after pill
ajv kum foh Də mohning ahftə pil
Ik denk dat mijn vriend een overdosis heeft genomen
I think my friend has taken an overdose
aj Sink maj frend hez teekn ən oovədooz
Ik denk dat iemand iets in mijn drankje heeft gedaan
I think someone has tampered with my drink
aj Sink sumwun hez tempəd wiD maj drink

9.3 Het consult

What seems to be the problem?	Wat zijn de klachten?
How long have you had these complaints?	Hoe lang hebt u deze klachten al?
Have you had these complaints before?	Hebt u deze klachten al eerder gehad?
How high is your temperature?	Hoeveel graden koorts hebt u?
Get undressed, please	Kleedt u zich uit, a.u.b.
Strip to the waist, please	Kunt u uw bovenlijf ontbloten?
You can undress there	U kunt zich daar uitkleden
Roll up your left/right sleeve, please	Kunt u uw linkerarm/rechterarm ontbloten?
Lie down here, please	Gaat u hier maar liggen
Does this hurt?	Doet dit pijn?
Breathe deeply	Adem diep in en uit
Open your mouth	Doe uw mond open

• Voorgeschiedenis van de patiënt

Ik ben suikerpatiënt
I'm a diabetic
ajm ə dajəbettik

Ik ben hartpatiënt
I have a heart condition
aj hev ə haht kəndisjn

Ik ben astmapatiënt
I'm asthmatic
ajm esSmettik

Ik gebruik drugs
I use drugs
aj joez drugz

Ik ben allergisch voor ...
I'm allergic to ...
ajm əluhdzjik toe ...

Ik ben ... maanden zwanger
I'm ... months pregnant
ajm ... munSs preĝnənt

Ik ben op dieet
I'm on a diet
ajm on ə dajət

Ik gebruik medicijnen/de pil
I'm on medication/the pill
ajm on meddikeesjn/Də pil

Ik heb al eerder een hartaanval gehad
I've had a heart attack once before
ajv hed ə haht ətek wuns bifoh

Ik ben geopereerd aan ...
I've had a(n) ... operation
ajv hed ə(n) ... oppəreesjn

Ik ben pas ziek geweest
I've been ill recently
ajv bien il riesntlie

Ik heb een maagzweer
I've got an ulcer
ajv ĝot ən ulsə

Ik ben ongesteld
I've got my period
ajv ĝot maj piəriəd

Do you have any allergies?	Bent u ergens allergisch voor?
Are you on any medication?	Gebruikt u medicijnen?
Are you on a diet?	Volgt u een dieet?

Are you pregnant?	Bent u zwanger?
Have you had a tetanus injection?	Bent u ingeënt tegen tetanus?

• De diagnose

It's nothing serious	Het is niets ernstigs
Your ... 's broken	U hebt uw ... gebroken
You've got a/some bruised ...	U hebt uw ... gekneusd
You've got (a) torn ...	U hebt uw ... gescheurd
You've got an inflammation	U hebt een ontsteking
You've got appendicitis	U hebt een blindedarmontsteking
You've got bronchitis	U hebt bronchitis
You've got a venereal disease/an S.T.D.	U hebt een geslachtsziekte/soa
You've got the flu	U hebt griep
You've had a heart attack	U hebt een hartaanval gehad
You've got a viral infection	U hebt een virusinfectie
You've got pneumonia	U hebt een longontsteking
You've got an ulcer	U hebt een maagzweer
You've pulled a muscle	U hebt een spier verrekt
You've got a vaginal infection	U hebt een vaginale infectie
You've got food poisoning	U hebt voedselvergiftiging
You've got sunstroke	U hebt een zonnesteek
You're allergic to ...	U bent allergisch voor ...
You're pregnant	U bent zwanger
I'd like to have your blood/urine/stools tested	Ik wil uw bloed/urine/ontlasting laten onderzoeken
It needs stitching	Het moet gehecht worden
I'm referring you to a specialist/sending you to hospital	Ik stuur u door naar een specialist/het ziekenhuis
You'll need to have some x-rays taken	Er moeten foto's gemaakt worden
Could you wait in the waiting room, please?	U moet weer even in de wachtkamer gaan zitten
You'll need an operation	U moet geopereerd worden

Is het besmettelijk?
Is it contagious?
iz it kənteedzjəs?

Hoe lang moet ik in bed blijven?
How long do I have to stay in bed?
hau long doe aj hev toe stee in bed?

Moet ik me aan een dieet houden?
Do I have to go on a special diet?
doe aj hev toe ĝoo on ə spesjl dajət?

Mag ik reizen?
Am I allowed to travel?
em aj əlaud toe trevl?

Kan ik een nieuwe afspraak maken?
Can I make a new appointment?
ken aj meek ə njoe əpojntmənt?

Wanneer moet ik terugkomen?
When do I have to come back?
wen doe aj hev toe kum bek?

Ik kom morgen terug
I'll come back tomorrow
ajl kum bek təmorroo

Come back tomorrow/in ... days' time	U moet morgen/over ... dagen terugkomen
Do you have insurance?	Bent u verzekerd?

- **In het ziekenhuis**

Waar moet ik me laten registreren?
Where do I go to register?
weə doe aj ĝoo toe redzjistə?

Hoe lang moet ik in het ziekenhuis blijven?
How long do I have to stay in hospital?
hau long doe aj hev toe stee in hospitl?

Wat zijn de bezoekuren?
What are the visiting hours?
Wot ah Də vizziting auəz?

Kunt u vertellen op welke kamer ... ligt?
In which room do I find ..., please?
In witsj roem doe aj fajnd ..., pliez?

Waar is de eerste hulp?
Where is the accident and emergency department?
weə iz Di eksidənt end iemuhdzjənsie diepahtment?

Wanneer word ik geopereerd?
When will I be operated on?
wen wil aj bie opəreetid on?

Moet ik nuchter zijn voor de operatie?
Do I need to have an empty stomach before the operation?
doe aj nied toe hev ən emtie stomək bifoh Die opəreesjn?

Mogen mijn kinderen op bezoek komen?
Can my children visit me?
ken maj tsjildrən vizit mie?

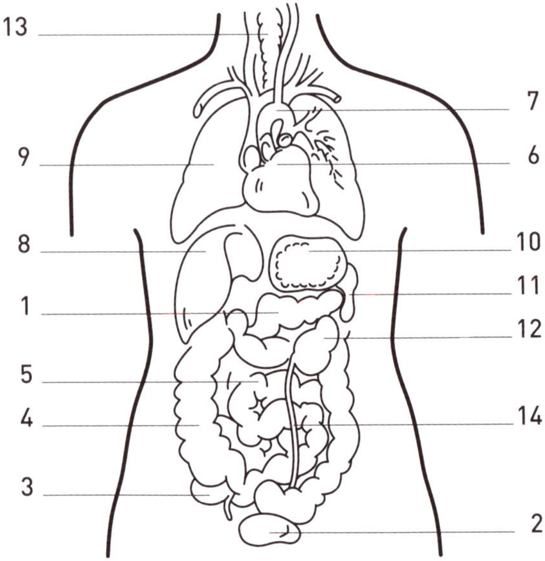

Ingewanden

1	**alvleesklier**	pancreas	*penkriejes*
2	**blaas**	bladder	*bleddə*
3	**blindedarm**	appendix	*əpendiks*
4	**dikke darm**	colon	*koolon*
5	**dunne darm**	small intestine	*smohl intestin*
6	**hart**	heart	*haht*
7	**kransslagader**	coronary artery	*koronəriahtəri*
8	**lever**	liver	*livə*
9	**long**	lung	*lung*
10	**maag**	stomach	*stumək*
11	**milt**	spleen	*splien*
12	**nier**	kidney	*kidni*
13	**slokdarm**	gullet	*ĝulit*
14	**urineleider**	ureter	*joerietə*

Kan ik naar Nederland/België worden vervoerd?
Can I be transported to Holland/Belgium?
ken aj bie trenspohtid toe hollənd/beldzjəm?

Wilt u contact opnemen met de hulpdienst van mijn verzekering?
Would you contact the emergency service of my insurance company?
woed joe kontekt Die iemuhdzjənsie suhvis of maj insjohrəns kumpənie?

9.4 Recept en voorschriften

Hoe moet ik deze medicijnen innemen?
How do I take this medicine?
hau doe aj teek Dis medsn?

Hoeveel capsules/druppels per keer?
How many capsules/drops each time?
hau mennie kepsjoelz/drops ietsj tajm?

Hoeveel lepels/tabletten per dag?
How many spoonfuls/tablets per day?
hau mennie spoenfoelz/tebləts puh dee?

Kan ik mezelf die injecties geven?
Can I give myself these shots?
ken aj giv majself Diez sjots?

Hoeveel keer per dag?
How many times a day?
hau mennie tajmz ə dee?

Ik heb mijn medicijnen vergeten. Thuis gebruik ik ...
I've forgotten my medication. At home I take ...
ajv fəĝotn maj meddikeesjn. et hoom aj teek ...

Kunt u voor mij een recept uitschrijven?
Could you make out a prescription for me?
koed joe meek aut ə priskripsjn foh mie?

Moet ik de kuur afmaken?
Should I finish the course?
sjoed aj finisj Də kohs?

Wat moet ik doen als de medicijnen op zijn?
What do I do when this medicine is finished?
wot doe aj doe wen Dis medsin iz finisjt?

I'm prescribing antibiotics/a mixture	Ik schrijf u antibiotica/een drankje voor
I'm prescribing a tranquillizer/pain killers	Ik schrijf u een kalmeringsmiddel/ pijnstillers voor
Have lots of rest	U moet rust houden
Stay indoors	U mag niet naar buiten
Stay in bed	U moet in bed blijven

... times a day	... maal per etmaal
before meals	voor elke maaltijd
capsules	capsules
dissolve in water	oplossen in water
drops	druppels
every ... hours	om de ... uur
finish the course	de kuur afmaken
for ... days	gedurende ... dagen
injections	injecties
not for internal use	alleen voor uitwendig gebruik
ointment	zalf
rub on	insmeren
spoonfuls (tablespoons/tea-spoons)	lepels (eetlepels/theelepels)
swallow whole	in zijn geheel doorslikken
tablets	tabletten
take	innemen
this medication impairs your driving	deze medicijnen beïnvloeden de rijvaardigheid

9.5 De tandarts

Weet u een goede tandarts?
Do you know a good dentist?
doe joe noo ə ĝoed dentist?

Kunt u voor mij een afspraak maken bij de tandarts?
Could you make an appointment with a dentist for me?
koed joe meek ən əpojntmənt wiD a dentists foh mie?

Er is haast bij
It's urgent
its uhdzjənt

Kan ik a.u.b. vandaag nog komen?
Can I come in today, please?
ken aj kum in tədee, pliez?

Ik heb (vreselijke) kiespijn/tandpijn
I have a (terrible) toothache
aj hev ə (terrəbl) toeSeek

Ik heb heel erg last van ontstoken tandvlees
I have a bad inflammation of the gums
aj hev ə bed infləmeesjn ov Də ĝumz

Kunt u een pijnstiller voorschrijven/geven?
Could you prescribe/give me a painkiller?
koed joe priskrajb/ĝiv mie ə peenkillə?

Er is een stuk van mijn tand/kies afgebroken
A piece of my tooth has broken off
ə pies ov maj toeS hez broокən of

Mijn vulling is eruit gevallen
My filling's come out
maj fillingz kum aut

Mijn beugel is stuk
My brace is broken
maj brees iz brookən

Mijn kroon is afgebroken
I've got a broken crown
ajv ĝot ə brookən kraun

Ik wil wel/niet plaatselijk verdoofd worden
I'd like/I don't want a local anaesthetic
ajd lajk/aj doont wont ə lookl ennəsSettik

Kunt u me nu op provisorische wijze helpen?
Can you do a makeshift repair job?
ken joe doe ə meeksjift ripeə dzjob?

Ik wil niet dat deze kies getrokken wordt
I don't want this tooth pulled
aj doont wont Dis toeS poeld

Mijn kunstgebit is gebroken. Kunt u het repareren?
My dentures are broken. Can you fix them?
maj dentsjəz ah brookən. ken joe fiks Dəm?

Which tooth hurts?	Welke tand/kies doet pijn?
You've got an abscess	U hebt een abces
I'll have to do a root canal	Ik moet u een zenuwbehandeling geven
I'm giving you a local anaesthetic	Ik ga u plaatselijk verdoven
I'll have to fill/pull this tooth	Ik moet deze tand vullen/trekken
I'll have to grind this tooth down	Ik moet deze tand afslijpen
I'll have to drill	Ik moet boren
Open wide, please	Mond open
Close your mouth, please	Mond dicht
Rinse, please	Spoelen
Does it hurt still?	Voelt u nog pijn?

10 In moeilijkheden

10.1 Om hulp vragen

Help!
Help!
help!

Brand!
Fire!
fajə!

Politie!
Police!
pəlies!

Dokter!
Doctor!
doktə!

Snel!
Quick!
kwik!

Gevaar!
Danger!
deendzjə!

Pas op!
Watch out!
wotsj aut!

Stop!
Stop!
stop!

Voorzichtig!
Be careful!
bie keəfl!

Niet doen!
Don't!
doont!

Laat los!
Let go!
let ĝoo!

Houd de dief!
Stop thief!
stop Sief!

Wilt u me helpen?
Could you help me, please?
koed joe help mie, pliez?

Waar is het politiebureau?
Where's the police station?
weəz Də pəlies steesjn?

Ik kan de nooduitgang niet vinden
I cannot find the emergency exit
aj kennot fajnd Die imuhdzjnsie eksit

Is dat de brandtrap?
Is that the fire escape?
iz Det Də fajə eskeep?

Waar is een brandblusapparaat?
Where's the nearest fire extinguisher?
weəz Də niərist fajə iksting-ĝwisjə?

Waarschuw de brandweer!
Call the fire brigade!
kohl Də fajə briĝeed!

Bel de politie!
Call the police!
kohl Də pəlies!

Waarschuw een ziekenauto!
Call an ambulance!
kohl ən embjoeləns!

Waar is een telefoon?
Where's the nearest phone?
weəz Də niərist foon?

Mag ik uw telefoon gebruiken?
Could I use your phone?
koed aj joez joh foon?

Wat is het alarmnummer?
What's the emergency number?
wots Die imuhdzjnsie numbə?

Wat is het telefoonnummer van de politie?
What's the number for the police?
wots Də numbə foh Də pəlies?

Wilt u het alarmnummer bellen?
Please, call the emergency number
pliez, kohl Die imuhdzjnsie numbə

10.2 Ongelukken

Er is een ongeluk gebeurd
There's been an accident
Deəz bien ən eksidənt

Er is iemand in het water gevallen
Someone's fallen into the water
sumwunz fohlən intoe Də wohtə

Er is brand
There's a fire
Deəz ə fajə

Is er iemand gewond?
Is anyone hurt?
iz enniwun huht?

Er zijn gewonden
Some people have been injured
sum piepl hev bien indzjəd

Er zijn geen gewonden
No one is injured
noo wan iz indzjəd

Er zit nog iemand in de auto/trein
There's someone in the car/train still
Deəz sumwun in Də kah/treen stil

Het valt wel mee. Maakt u zich geen zorgen
It's not too bad. Don't worry
its not toe bed. doont wurrie

Wilt u geen veranderingen aanbrengen?
Leave everything the way it is, please
liev evriSing Də wee it iz, pliez

Ik wil eerst met de politie praten
I want to talk to the police first
aj wont toe tohk toe Də pelies fuhst

Ik wil eerst een foto nemen
I want to take a photo first
aj wont toe teek ə footoo fuhst

Hier hebt u mijn naam en adres
Here's my name and address
hiəz maj neem en ədres

Mag ik uw naam en adres weten?
Could I have your name and address?
koed aj hev joh neem en ədres?

Mag ik uw identiteitsbewijs/verzekeringspapieren zien?
Could I see some identification/your insurance papers?
koed aj see sum ajdentifikeesjn/joh insjohrəns peepəz?

Wilt u een getuigenverklaring afleggen?
Will you act as a witness?
wil joe ekt ez ə witnis?

Ik moet de gegevens weten voor de verzekering
I need the details for the insurance
aj nied Də dieteelz foh Die insjohrəns

Bent u verzekerd?
Are you insured?
ah joe insjohd?
WA of allrisk?
Third party or comprehensive?
Suhd pahtie oh komprihensiv?
Wilt u hier uw handtekening zetten?
Could you sign here, please?
koed joe sajn hiə, pliez?

10.3 Er is iemand vermist

Ik ben mijn zoon/dochter kwijt
I've lost my son/daughter
ajv lost maj sub/dohtə is lost
Ik ben mijn man/vrouw kwijt
I've lost my husband/wife
ajv lost maj huzbənd/wajf
Wilt u mij helpen zoeken?
Could you help me find him/her?
koed joe help mie fajnd him/huh?
Hebt u een klein jongetje/meisje gezien?
Have you seen a small child?
hev joe sien ə smohl tsjajld?
Hij/zij is ... jaar
He's/she's ... years old
hiez/sjiez ... jiəz oold
Hij/zij heeft kort/lang/blond/rood/bruin/zwart/krullend/steil haar
He's/she's got short/long/blond/red/brown/black/curly/straight hair
hiez/sjiez ĝot sjoht/long/blond/red/braun/blek/kuhlie/street/heə
met een paardenstaart
with a ponytail
wiD ə poonieteel
met vlechten
with plaits
wiD plets
Zijn/haar ogen zijn blauw/bruin/groen
He's/she's got blue/brown/green eyes
hiez/sjiez ĝot bloe/braun/ĝrien ajz
Hij/zij draagt een zwembroekje/bergschoenen
He's wearing swimming trunks/mountaineering boots
hiez weəring swimming trunks/mauntiniəring boets
met bril/tas
with glasses/is carrying a bag
wiD ĝlahsiz/iz kerriejing ə beĝ

groot/klein
tall/short
tohl/sjoht

Dit is een foto van hem/haar
This is a photo of him/her
Dis iz ə footoo ov him/huh

Hij/zij is zeker verdwaald
He/she must be lost
hie/sjie must bie lost

Ik ben verdwaald
I've lost my way
ajv lost maj wee

10.4 Verlies en diefstal

- Verlies

Ik ben mijn portemonnee verloren
I've lost my purse/wallet
ajv lost maj puhs/wollit

Ik ben mijn paspoort kwijt
I've lost my passport
ajv lost maj pahspoht

Is mijn mobieltje toevallig gevonden?
Has my mobile been found by any chance?
hez maj moobajl bien faund baj ennie tsjahns?

Ik ben gisteren mijn ... vergeten
I left my ... yesterday
aj left maj ... jestədee

Ik heb hier mijn ... laten liggen/staan
I left my ... here
aj left maj ... hiə

Hebt u mijn ... gevonden?
Have you found my ...?
hev joe faund maj ...?

Hij stond/lag hier
It was right here
it woz rajt hiə

Het is zeer kostbaar
It's quite valuable
its kwajt veljəbl

Waar is het bureau Gevonden Voorwerpen?
Where's the lost property office?
weəz Də lost proppətie offis?

• Diefstal

Ik ben bestolen
I've been robbed
ajv bien robd
Mijn ... is gestolen
My ... has been stolen
maj ... hez bien stooləm
Mijn auto is opengebroken
My car's been broken into
maj kahz bien brookən intoe
Waar kan ik aangifte doen?
Where can I report the theft?
weə ken aj ripoht Də Seft?
Het was een zakkenroller
It was a pickpocket
it woz ə pikpokkit
Mijn fiets stond op slot
My bicycle was locked
maj bajsikl woz lokt
Ik lag te slapen
I was asleep
aj woz əsliep

10.5 Aanranding

Ik ben aangerand
I have been assaulted
ajəv bien əsohltid
Ik ben verkracht
I've been raped
ajəv bien reept
Ik ken de dader niet
I don't know the perpetrator
aj doont noo Də puhpətreetə
Kan ik worden geholpen door een vrouwelijke agent?
Can I talk to a police woman, please?
ken aj tohk toe ə poliesvoemən, pliez?
Ik word lastiggevallen door ...
I'm being harassed by ...
ajm biejing hərest baj ...

10.6 De politie

- Een aanhouding

Your registration papers, please	Uw autopapieren, a.u.b.
You were speeding	U reed te hard
You're not allowed to park here	U staat fout geparkeerd
You haven't put money in the meter	U hebt de parkeermeter niet gevuld
Your lights aren't working	Uw lichten doen het niet
That's a ... pound/dollar fine	U krijgt een boete van ... pond/dollar
Do you want to pay on the spot?	Wilt u direct betalen?
You'll have to pay on the spot	U moet direct betalen
You have to come to the police station	U moet mee naar het bureau

Ik spreek geen Engels
I don't speak English
aj doont spiek inglisj
Ik heb dat bord niet gezien
I didn't see the sign
aj didnt sie Də sajn
Ik begrijp niet wat daar staat
I don't understand what it says
aj doont undəstend wot it sez
Ik reed maar ... km per uur
I was only doing ... kilometres an hour
aj woz oonlie doewing ... kilommitəz ən auwə
Ik zal mijn auto laten nakijken
I'll have my car checked
ajl hev maj kah tsjekt
Ik werd verblind door een tegenligger
I was blinded by oncoming lights
aj woz blajndid baj onkumming lajts
Ik heb hier niets mee te maken
I've got nothing to do with this
ajv got nuSing toe doe wiD Dis

- Op het politiebureau

Where did it happen?	Waar is het gebeurd?
What's missing?	Wat bent u kwijt?
What's been taken?	Wat is er gestolen?
Could I see some identification?	Mag ik uw identiteitsbewijs?

What time did it happen?	Hoe laat is het gebeurd?
Who was involved?	Wie waren erbij betrokken?
Are there any witnesses?	Zijn er getuigen?
Fill this out, please	Wilt u dit invullen, a.u.b.?
Sign here, please	Hier tekenen, a.u.b.
Do you want an interpreter?	Wilt u een tolk?

Ik kom aangifte doen van diefstal/een botsing
I want to report a theft/collision
aj wont toe ripoht ə Seft/kəlizjn

Kan ik hier aangifte doen van een vermissing/een verkrachting?
Can I report a missing person/a rape here?
ken aj ripoht ə missing puhsn/ə reep hiə?

Wilt u een proces-verbaal opmaken?
Could you make out a report, please?
koed joe meek aut ə ripoht, pliez?

Mag ik een afschrift voor de verzekering?
Could I have a copy for the insurance?
koed aj hev ə koppie foh Die insjohrəns?

Ik ben alles kwijt
I've lost everything
ajv lost evriSing

Mijn geld is gestolen, ik ben radeloos
My money has been stolen, I don't know what to do
maj munnie hez bien stooln, aj doont noo wot toe doe

Ik wil graag een tolk
I'd like an interpreter
ajd lajk ən intuhprittə

Ik ben onschuldig
I'm innocent
ajm innəsnt

Ik weet nergens van
I don't know anything about it
aj doont noo enniSing əbaut it

Ik wil spreken met iemand van de Nederlandse/Belgische ambassade of het consulaat
I want to speak to someone from the Dutch/Belgian embassy or consulate
aj wont toe spiek toe sumwun from Də dutsj/beldzjən embəsie oh konsjoelət

Ik wil een advocaat die ... spreekt
I want a lawyer who speaks ...
aj wont ə lohjə hoe spieks ...

Woordenlijst

Nederlands - Engels

Deze woordenlijst is bedoeld als aanvulling op de hoofdstukjes hiervoor. De nummers achter het woord verwijzen naar de paragraaf met de belangrijkste zinnen waarin u deze woorden kunt gebruiken. In een aantal gevallen kunt u woorden die in deze lijst ontbreken elders in het boekje vinden, namelijk bij de illustraties van de auto, de fiets, de tent en het menselijk lichaam. Veel etenswaren kunt u vinden in de Engels-Nederlandse lijst in 8.2.
De volgende afkortingen zijn gebruikt: bn = bijvoeglijk naamwoord, ww = werkwoord, zn = zelfstandig naamwoord.

A

aanbevelen *8.2* recommend *rekkəmend*
aanbieden *3.8* offer *offə*
aanbieding offer *offə*
aangebrand burnt *buhnt*
aangenaam *3.3* pleasant *pleznt*
aangetekend *2.2* registered *redzjistəd*
aangeven (bij douane) declare *dikleə*
aanhangwagen trailer *treelə*
aankomen arrive *ərajv*
aankomsttijd time of arrival *tajm əv ərajvl*
aanranding assault *əsohlt*
aanrijding collision *kəlizjən*
aansteker lighter *lajtə*
aantrekkelijk attractive *ətrektiv*
aanwezig *2.3* present *preznt*
aanwijzen *3.4, 4.1, 6.1, 7.3* indicate *indikeet*
aardappel *8.2* potato *pəteetoo*
aardbeien *8.2* strawberries *strohbriez*
aarde (grond) earth *uhS*
aardewerk earthenware *uhDnweə*
aardig nice *najs*
abonnement *4.12, 6.4* season ticket *siezn tikit*
accommodatie *5.1* accommodation *əkomədeesjn*
accu *2.5, 4.4* battery *bettrie*
acculader battery charger *bettrie tsjahdzjə*
achter *4.1* behind *bihajnd*

achterhoofd *9.2* back of the head *bek əv Də hed*
achterin *4.12* at the back *et Də bek*
achterlicht *4.4, 4.7, 4.8* rear light *riə lajt*
achternaam *1.5* surname *suhneem*
achteruitkijkspiegel *4.4* rear-view mirror *riəvjoe mirrə*
achteruitrijden (auto) reverse *rievuhs*
adapter adapter *ədeptə*
ader vein *veen*
adres *1.5, 3.12, 4.12, 5.1, 5.6, 6.6* address *ədres*
advies advice *ədvajs*
advocaat (jur.) *10.6* solicitor *səlissitə*
afdeling *7.1* department *dipahtmənt*
afdingen haggle *hegl*
afdruk print *print*
afdrukken (foto) *2.5* print *print*
afgesloten (rijweg) *4.5* closed off *kloozd of*
afrekenen *5.6, 7.5* pay the bill *pee Də bil*
afscheid goodbye *ĝoedbaj*
afscheiding (med.) secretion *sikriesjn*
afschuwelijk *3.6* horrible *horrəbl*
afspraak (bij arts) *3.9, 7.4, 9.1, 9.3, 9.5* appointment *əpojntmənt*
afspraak maken (bij arts) *7.4, 9.3, 9.5* make an appointment *meik ən əpojntmənt*
afspraakje date *deet*
afspreken (ontmoeten) *3.10* make a date *meek ə deet*
afspreken (overeenkomen) *3.10* agree *əĝrie*
afstand distance *distəns*
aftershave aftershave *ahftəsheev*
aftersun aftersun *ahftəsun*
afval *1.3* refuse *refjoes*
agent *10.5* policeman *pəliesmən*
aids *3.11* AIDS *eedz*
airbag *4.4* airbag *eəbeg*
airconditioning *4.9, 5.4* air conditioning *eəkəndisjning*
akkoord Okay *ookee*
alarm alarm *əlahm*
alarmnummer *10.1* emergency number *imuhdzjnsie numbə*
alcohol *3.8* alcohol *elkəhol*
alcoholvrij non-alcoholic *non elkəholik*
allebei both *booS*
alleen (in je eentje) *2.7, 3.2, 3.3, 3.11, 6.3, 8.6* alone *əloon*
allergisch zijn be allergic *bie əluhdzjik*
alles *3.12, 8.4, 8.6, 10.6* everything *evriSing*
all-in all-in *ohl in*
alstublieft (antwoord) *7.5* here you are *hiə joeah*
alstublieft (vragend) *7.5* please *pliez*

altijd *2.6* always *ohlweez*
alvleesklier *9.3* pancreas *penkriejes*
ambassade *4.2, 10.6* embassy *embəsie*
ambulance ambulance *embjoeləns*
ananas *8.2* pineapple *pajnepl*
andere *3.9, 4.5, 4.9, 4.11, 4.12, 5.3* other *uDə*
annuleren *4.11* cancel *kensl*
ansichtkaart *2.2* (picture) postcard *(piktsjə) pooskahd*
antenne *4.4* aerial *eəriəl*
antibiotica *9.4* antibiotics *entibajottiks*
anticonceptie contraception *kontrəsepsjn*
anticonceptiepil contraceptive pil *kontrəseptiv pil*
antiek (bn) *7* antique *entiek*
antiek (zn) *7* antiques *entieks*
antivries antifreeze *entifriez*
antwoord answer *ahnsə*
antwoordapparaat *2.3* answering machine *ahnsəring məsjien*
anus anus *eenəs*
apenstaartje at(-sign) *et (sajn)*
aperitief *8.2* aperitif *əperritief*
apotheek *7, 9.1* pharmacy *fahməsie*
appartement *3.3* apartment *əpahtmənt*
appel apple *epl*
appelsap apple juice *epl dzjoes*
appeltaart apple pie *epl paj*
architectuur architecture *ahkitektsjə*
arm *9.2* arm *ahm*
armband bracelet *breeslit*
artikel *7.1* article *ahtikl*
arts doctor *doktə*
as *4.8* axle *eksl*
asbak ashtray *esjtree*
aspirine aspirin *esprin*
astma asthma *esSmah*
auto *3.7, 4.1, 4.6, 4.7, 4.9, 4.11* car *kah*
autodek car deck *kah dek*
automaat (auto) automatic *ohtəmettik*
automaat (machine) vending machine *vending məsjien*
automatisch *2.3* automatic *ohtəmettik*
autopapieren *10.6* car documents *kah dokjoemənts*
autosleutel car key *kah kie*
autoverhuurbedrijf car hire firm *kah hajə fuhm*
autoweg *4.5* motorway *mootəwee*
autozitje car seat *kah siet*
avond (na 21 uur) night *najt*
avond (tot 21 uur) evening *ievning*

avondeten dinner *dinnə*
avondkleding *8.5* evening wear *ievning weə*
avonds ('s) (na 21 uur) *1.4, 2.7* at night *et najt*
avonds ('s) (tot 21 uur) *1.4, 2.7* in the evening *in Dieievning*

B

baby *7.3, 8.1* baby *beebie*
babysitter *5.4* babysitter *beebiesittə*
babyvoeding baby food *beebie foed*
bad *5.4* bath *bahS*
badhanddoek bath towel *bahS tauwəl*
badhokje bathing cubicle *beeDing kjoebikl*
badkamer bathroom *bahSroem*
badkuip bath(tub) *bahS(tub)*
badmeester *6.3* bath attendant *bahS ətendənt*
badmuts bathing cap *beeDing kep*
badpak bathing suit *beeDing soet*
badplaats seaside resort *siesajd riezoht*
bagage *4.3, 4.10, 4.12, 5.6* luggage *luĝĝidzj*
bagagedrager *4.8* (luggage) carrier *(luĝĝidzj) kerriə*
bagagekluis luggage locker *luĝĝidzj lokkə*
bakker (winkel) baker's *beekəz*
bal ball *bohl*
balhoofd *4.8* fork head *fohk hed*
balie *4.12* counter *kauntə*
balkon *8.6* balcony *belkənie*
ballet ballet *bellee*
balpen biro *bajroo*
banaan *8.2* banana *bənahnə*
band *4.7, 4.8* tyre *tajə*
bandenlichter tyre lever *tajə lievə*
bandenspanning *4.6* tyre pressure *tajə presjə*
bang zijn be afraid *bie əfreed*
bank (geldinstelling) *2.1* bank *benk*
bank (in park) *2.1* bench *bentsj*
bankbiljet banknote *benknoot*
banketbakkerij *7* cake shop *keek sjop*
bankpas bank pass *benk pahs*
bar (café, meubel) *1.3, 8.1* bar *bah*
barbecue barbecue *bahbikjoe*
batterij battery *bettrie*
batterij, oplaadbare – battery, rechargeable – *bettrie, ritsjahdzjbl*
batterijoplader *2.5* battery charger *bettrie tsjahdzjə*
beautycase beautycase *bjoetiekees*
bed *3.3, 3.11, 5.1, 5.4, 5.5, 9.3* bed *bed*

bed-and-breakfast *5.1* bed-and-breakfast *bed ənd brekfəst*
bedanken thank *Senk*
bedankt *3.1, 3.9, 3.12, 5.6* thanks *Senks*
bediening *1.3, 8.2, 8.4* service *suhvis*
bedorven off *of*
bedrag *8.3, 8.4* amount *əmaunt*
beeldhouwkunst sculpture *skulptsjə*
been *6.1, 9.2* leg *leĝ*
beestje (ongedierte) bug *buĝ*
beetje, een – a little *ə litl*
begaanbaar passable *pahsəbl*
begane grond ground floor *ĝraund floh*
beginnen begin *biĝin*
beginner beginner *biĝinnə*
begrijpen understand *undəstend*
begroeten greet *ĝriet*
beha bra *brah*
behandeling (med.) treatment *trietmənt*
beheerder *5.3* manager *mennidzjə*
bekeuring fine *fajn*
bekijken *2.4* visit *vizit*
bel *2.3, 3.11, 3.12, 4.8, 10.1* bell *bel*
belangrijk important *impohtənt*
belasting tax, taxes *teks, teksiz*
Belg, Belgische (zn) Belgian *beldzjən*
België *2.1, 3.3, 3.12, 7.3, 9.3* Belgium *beldzjəm*
Belgisch (bn) Belgian *beldzjən*
bellen *2.3, 3.12, 4.2, 4.7, 4.12, 5.2* ring, phone *ring, foon*
beltegoed *2.3* call credit *kohl kreddit*
beneden, naar – down *daun*
benzine *4.6, 4.7, 4.9* petrol *petrəl*
benzinestation *4.6, 4.7* petrol station *petrəl steesjn*
benzinetank *4.4* petrol tank *petrəl tenk*
berg mountain *mauntin*
bergbeklimmen mountaineering *mauntiniəring*
berghut mountain hut *mauntin hut*
bergschoenen *6.4, 10.3* mountaineering shoes *mauntiniəring sjoez*
bergsport mountaineering *mauntiniəring*
beroemd famous *feeməs*
beroep *1.5* profession *prefesjn*
beschadigd *4.3* damaged *demmidzjd*
besmettelijk *9.3* contagious *kənteedzjəs*
bespreken (kaartjes) book *boek*
bestek cutlery *kutlərie*
bestellen *4.7, 7.2* order *ohdə*
bestelling order *ohdə*

bestemming destination *destineesjn*
betalen *2.1, 4.2, 4.11, 4.12, 5.1, 5.2* pay *pee*
betekenen mean *mien*
beter (na ziekte) recovered *rikuvəd*
betrouwbaar (apparaat) reliable *rilajəbl*
betrouwbaar (persoon) trustworthy *trustwuhDie*
bevestigen *4.11, 4.12* confirm *kənfuhm*
bevolking population *popjoeleesjn*
bewaring, in – geven deposit *dipozit*
bewijs (van betaling) *4.9* receipt *risiet*
bezet (stoel) *1.3, 2.3, 4.12, 8.1, 8.5* taken *teekən*
bezet (telefoonlijn, toilet) *1.3, 2.3, 4.12, 8.1, 8.5* engaged *engeedzjd*
bezichtigen visit, see *sie*
bezienswaardigheid place of interest *plees ovintrest*
bezoeken *2.7* visit *vizzit*
bibliotheek library *lajbrie*
bier *8.2* beer *biə*
bij *2.2, 2.5, 2.6, 3.2, 3.3, 3.11* near *niə*
bij (dier) *2.2, 2.5, 2.6, 3.2, 3.3, 3.11* bee *bie*
bijpunten trim *trim*
bijten bite *bajt*
bijvullen top up *top up*
bijzonder special *spesjl*
bikini bikini *bikienie*
bil *9.2* buttock *buttək*
biljarten play billiards *plee billiədz*
binnen *1.3, 4.1, 4.8, 4.12, 6.1, 7.1* inside *insajd*
binnenband *4.8* inner tube *innə tjoeb*
binnenlands (vlucht) domestic *dəmestik*
biologisch biological, organic *bajəlodzjikl, ohgenik*
bioscoop *8.5* cinema *sinəmah*
bitter *8.2* bitter *bittə*
blaar blister *blistə*
blaas *9.3* bladder *bleddə*
blauw *10.3* blue *bloe*
blij *3.6* happy *heppie*
blijven *4.2, 5.1, 5.2, 5.6, 6.1, 9.3* stay *stee*
blikje tin *tin*
blikopener *5.3* tin opener *tinoopnə*
bliksem lightning *lajtning*
blindedarm appendix *əpendiks*
blocnote writing pad *rajting ped*
bloed *9.3* blood *blud*
bloeddruk blood pressure *blud presjə*
bloedneus bloody nose *bluddie nooz*
bloem (meel) flour *flauwə*

bloem (plant) flower *flauwə*
bloemkool *8.2* cauliflower *kolliflauwə*
blond *10.3* blond *blond*
blonderen bleach *blietsj*
bloot naked *neekid*
blouse blouse *blauz*
bodymilk body milk *boddie milk*
boeddhistisch Buddhist *boeddist*
boei *6.3* buoy *boj*
boek book *boek*
boeken, online – book online *boek onlajn*
boekhandel *7* bookshop *boeksjop*
boer farmer *fahmə*
boerderij farm *fahm*
boerin farmer's wife *fahməz wajf*
bommelding *2.7* bomb alert *bom əluht*
bon (kwitantie) *4.2* receipt *risiet*
bonbon bonbon *bonbon*
boodschap (bericht) message *messidzj*
boodschappen doen shop *sjop*
boord, aan – on board *on bohd*
boos angry *engĝrie*
boot *4.11, 4.12* boat *boot*
bord (op tafel) *4.1, 10.6* plate *pleet*
bord (verkeersbord) *4.1, 10.6* sign *sajn*
borgsom *4.9, 5.1, 5.6* deposit *dipozzit*
borst *8.2, 9.2* breast *brest*
borstel brush *brusj*
borstkas *9.2* chest *tsjest*
bot (been) bone *boon*
botanische tuin botanical gardens *bətennikl ĝahdnz*
boter *8.2* butter *buttə*
botsing *10.6* collision *kəlizjn*
bouillon (soep) *8.2* broth *broS*
bouillonblokje stock cube *stok kjoeb*
boven (hoger dan) *2.6, 4.1, 4.12, 8.5* above *əbuv*
boven, naar – up *up*
bowlen tenpin bowling *tenpin booling*
braken throw up *Sroo up*
brand *10.1, 10.2* fire *fajə*
brandblusser *1.3* fire extinguisher *fajə eksting-ĝwisjə*
branden burn *buhn*
brandtrap *1.3, 5.4, 10.1* fire escape *fajə eskeep*
brandweer *10.1* fire brigade *fajə briĝeed*
brandwond burn *buhn*
brandzalf ointment for burns *ojntmənt foh buhnz*

breken (been) break *breek*
brengen *3.12, 4.12, 5.5, 8.2* bring *bring*
brief *2.2* letter *lettə*
briefpapier writing paper *rajting peepə*
brievenbus *2.2* postbox *poosboks*
bril *10.3* glasses *ĝlahsiz*
brochure *6.1* brochure *broosjə*
broek (kort) shorts *sjohts*
broek (lang) trousers *trauzəz*
broer brother *bruDə*
brommer *4.7* moped *mooped*
bron (opwellend water) spring *spring*
bronchitis *9.3* bronchitis *bronkajtis*
brood *8.2* bread *bred*
broodje (belegd) *8.2* filled roll *fild rool*
broodje (onbelegd) *8.2* roll *rool*
broodrooster toaster *toostə*
brug *4.1* bridge *bridzj*
bruiloft wedding *wedding*
bruin (kleur) *6.3, 10.3* brown *braun*
bruin worden tan *ten*
buik *9.2* belly *bellie*
buikpijn stomach ache *stomək eek*
buiten *4.1, 8.1, 9.4* outside *autsajd*
buitenband *4.8* tyre *tajə*
buitenland *2.3* abroad *əbrohd*
buitenlands foreign *forrin*
buitenspiegel *4.4* wing mirror *wing mirrə*
bumper *4.4* bumper *bumpə*
bungalowpark holiday park *hollidee pahk*
bungeejumpen *6.2* bungee jumping *bundzjie dzjumping*
buren neighbours *neebəz*
burgemeester mayor *meə*
bus (lijndienst) *4.5, 4.11, 4.12, 6.1* bus *bus*
bus (touringcar) *4.5, 4.11, 4.12, 6.1* coach *kootsj*
bushalte *4.11* bus stop *bus stop*
busje van *ven*
busstation *4.11* bus station *bus steesjn*
butagasfles *5.3* butane gas bottle *bjoeteen ĝes botl*

C

cadeau present *preznt*
café lunchroom *lunsjroem*
cafeïnevrij decaffeinated *dikeffineetid*
camera *2.5* camera *kemrə*

camper camper *kempə*
camping *3.3, 5.1, 5.6* camp site *kemp sajt*
campinggas (butaan) butane camping gas *bjoeteen kemping ĝes*
campinggas (propaan) propane camping gas *proopeen kemping ĝes*
caravan *5.3* caravan *kerrəven*
carnaval carnival *kahnivl*
casino casino *kəsienoo*
catalogus catalogue *kettəloĝ*
cd *2.5, 4.9, 7* CD *sie die*
cd-rom CD-ROM *sie die rom*
cd-rw CD-RW *sie die ah dubljoe*
centimeter centimetre *sentimietə*
centrale verwarming central heating *sentrl hieting*
centrum *4.5, 4.10, 4.12* centre *sentə*
champagne champagne *sjempeen*
chartervlucht charter flight *tsjahtə flajt*
chauffeur driver *drajvə*
chef *8.3* chef *sjef*
chemisch toiletvloeistof chemical toilet solution *kemikl tojlət soloesjn*
cheque cheque *tsjek*
chips crisps *krisps*
chocolade chocolate *tsjoklət*
chocolademelk chocolate milk, cocoa *tsjoklət milk, kookoo*
circus circus *suhkəs*
cirkel circle *suhkl*
citroen *8.2* lemon *lemmən*
cognac cognac *konjek*
cola coke *kook*
collega colleague *kollieĝ*
compliment compliment *komplimənt*
computer *2.4* computer *kəmpjoetə*
computerbestand computer file *kəmpjoetə fajl*
concert *8.5* concert *konsət*
concertgebouw *8.5* concert hall *konsət hohl*
condoom *3.11* condom *kondom*
constipatie constipation *konstipeesjn*
consulaat *4.2, 10.6* consulate *konsjoelət*
consult consultation *konslteesjn*
contactlens contact lens *kontekt lenz*
contactlensvloeistof contact lens cleaning solution *kontekt lenz kliening səloesjn*
contactsleutel ignition key *iĝnisjn kie*
contant geld cash *kesj*
contract contract *kontrekt*
controleren *4.6* check *tsjek*
correct *2.3* correct *kərekt*

corresponderen correspond *korrispond*
cosmetica cosmetics *kosmetiks*
couchette *4.12* berth *buhS*
coupé compartment *kəmpahtmənt*
crank *4.8* crank *krenk*
creditcard *2.1, 5.2, 7.5* credit card *kreddit kahd*
crème cream *kriem*
croissant croissant *krwassahn*
cruise *3.3* cruise *kroez*

D

daar *2.7, 3.9, 4.1, 4.7, 4.11, 6.1* there *Deə*
dag (hallo) *1.4, 3.2, 3.11, 3.12, 4.3, 4.7* hello *helloo*
dag (tot ziens) *1.4, 3.2, 3.11, 3.12, 4.3, 4.7* goodbye *ĝoedbaj*
dag (zn) *1.4, 3.2, 3.11, 3.12, 4.3, 4.7* day *dee*
dagschotel *8.2* dish of the day *disj ov Də dee*
dal valley *vellie*
damestoilet ladies *leediez*
dank u wel *3.1, 4.10* thank you *Senk joe*
dansen *3.6, 3.9, 8.5* dance *dahns*
dekbed duvet *doevee*
deken *5.4* blanket *blenkit*
delicatessenwinkel *7* delicatessen *delikətessən*
denken *3.11* think *Sink*
deodorant deodorant *dioodərənt*
derailleur *4.8* derailleur *direeljə*
derde (deel) *1.4* third *Suhd*
desinfecteringsmiddel desinfectant *desinfektənt*
dessert dessert *dizuht*
deur *5.2* door *doh*
diabeet diabetic *dajəbettik*
diamant diamond *dajmənd*
diarree *9.2* diarrhoea *dajəriə*
dicht *3.3, 4.12, 5.2, 5.3, 5.5, 6.1* closed *kloozd*
dichtbij *4.1* nearby *niəbaj*
dichtstbijzijnde nearest *niərəst*
dieet *9.3* diet *dajət*
dief *10.1* thief *Sief*
diefstal *10.6* theft *Seft*
dienstregeling *4.11* timetable *tajmteebl*
diep *6.3, 9.3* deep *diep*
diepvries deepfreeze *diepfriez*
diepzeeduiken deep sea diving *diep sie dajving*
dier animal *ennimәl*
dierbaar precious *presjəs*

dierentuin zoo *zoe*
diesel *4.6* diesel *diezl*
digitale camera digital camera *didzjitl kemmərə*
dij thigh *Saj*
dik (materiaal) thick *Sik*
dikke darm *9.3* colon *koolon*
diner *5.4* dinner *dinnə*
dineren have dinner *hev dinnə*
direct (onmiddellijk) *7.4, 10.6* at once *et wans*
direct (rechtstreeks) *7.4, 10.6* direct, straight *dajrekt, street*
disco disco *diskoo*
dochter *3.3, 10.3* daughter *dohtə*
doe-het-zelfzaak DIY-shop *die aj waj sjop*
doen *1.3, 2.5, 3.1, 3.2, 3.9, 3.11* do *doe*
dokter *9.1, 10.1* doctor *doktə*
doktersverklaring medical certificate *meddikl suhtifikət*
dollar *10.6* dollar *dolə*
dompelaar immersion heater *immuhsjn hietə*
donker *6.5, 8.2* dark *dahk*
dood dead *ded*
doof deaf *def*
dooien *2.6* thaw *Soh*
doorreis *3.3, 4.2* transit *trensit*
doorslikken *9.4* swallow *swolloo*
doorsturen *5.6* forward *fohwəd*
doos box *boks*
dorp village *villidzj*
dorst hebben be thirsty *bie Suhstie*
douane customs *kustəmz*
douche *5.4* shower *sjauwə*
douchemuntje shower coin *sjauwə kojn*
draad(je) thread *Sred*
draaien (nummer) *8.5* dial *dajəl*
drankje (alcohol) *9.2, 9.4* drink *drink*
drankje (med.) *9.2, 9.4* mixture *mikstsjə*
driehoek triangle *trajeng-ĝl*
dringend urgent *uhdzjənt*
drinken *3.8, 3.9, 7.2, 7.4, 8.2* drink *drink*
drinkwater *5.3* drinking water *drinking wohtə*
drogen dry *draj*
drogisterij chemist's *kemmists*
droog *2.6, 8.2* dry *draj*
droogshampoo dry shampoo *draj sjempoe*
droogte drought *draut*
droogtrommel tumble drier *tumbl drajə*
druif grape *greep*

druk (bn) *5.3* busy *bizzie*
druk (spanning) *5.3* pressure *presjə*
drukken press *pres*
druppel drop *drop*
duidelijk clear *kliə*
duikbril diving goggles *dajving ĝoĝĝəlz*
duiken dive *dajv*
duikplank diving board *dajving bohd*
duiksport diving *dajving*
duikuitrusting *6.3* diving gear *dajving ĝiə*
Duits *3.4* German *dzjuhmən*
duizelig *9.2* dizzy *dizzie*
dun thin *Sin*
dunne darm *9.3* small intestine *smohl intestin*
duur (bn) *2.5, 7.1* expensive *ikspensiv*
duwen *1.3, 4.7* push *poesj*
dvd *2.5* DVD *die vie die*
dynamo *4.4, 4.8* dynamo *dajnəmoo*

E

eau de toilette cologne *kəloon*
eb *6.3* low tide *loo tajd*
echtgenoot husband *huzbənd*
echtgenote wife *wajf*
ecotoerisme eco tourism *iekoo toerizm*
eczeem eczema *eksiemə*
eenpersoons *4.12, 5.4* single *sing-ĝl*
eenrichtingsverkeer *4.5* one-way traffic *wun wee treffik*
eenvoudig simple *simpl*
eergisteren *1.4* the day before yesterday *Də dee bifoh jestədee*
eerlijk honest *onnist*
eerste *1.3, 4.11, 9.3* first *fuhst*
eerste hulp *1.3, 9.3* first aid *fuhst eed*
eerste klas first class *fuhst klahs*
eetzaal *5.4* dining room *dajning roem*
EHBO-doos first aid kit *fuhst eed kit*
ei egg *eĝ*
eiland island *ajlənd*
eindpunt *6.1* destination *destineesjn*
elastiekje elastic band *ilestik bend*
elektriciteit *5.5* electricity *ilektrisitie*
elektriciteitsaansluiting power point *pauwə pojnt*
elektrisch electric *ilektrik*
elleboog *9.2* elbow *elboo*
e-mail *2.4, 3.12, 5.2* e-mail *iemeel*

e-mailadres *1.5* e-mail address *iemeel ədres*
e-mailen *3.12* to e-mail *toeiemeel*
emmer bucket *bukkit*
en *1.4, 1.5, 3.2, 3.3, 3.12, 4.11* and *end*
Engels *3.3, 3.4, 6.1, 10.6* English *ingĝlisj*
enkel (lichaamsdeel) *9.2* ankle *engkl*
enkele reis (kaartje) *4.11, 4.12* single *sing-ĝl*
entree admission *ədmisjn*
entreebewijs admission ticket *ədmisjn tikit*
envelop envelope *envəloop*
erg (ernstig) *3.1, 3.6, 3.7, 3.12, 4.9, 5.6* bad *bed*
ergens *2.1, 2.3, 4.1, 4.7, 9.3* somewhere *sumweə*
ernstig serious *siəriəs*
erwt pea *pie*
etalage *7.3* shop window *sjop windoo*
eten (ww) *7.2, 8.1, 8.2, 8.3, 8.5* eat *iet*
etmaal *9.4* day *dee*
euro *2.1* euro *joeroo*
evenement event *ivent*
excursie excursion *ikskuhsjn*
excuses apologies *əpollədzjiez*
explosieven explosives *iksploosivz*
eyeliner eyeliner *ajlajnə*

F

fabriek factory *fektrie*
familie (verwanten) *3.3* relatives *rellətivz*
familie (gezin) *3.3* family *femlie*
fastfoodrestaurant fast-food restaurant *fahst foed restərənt*
faxen *2.2* fax *feks*
feest party *pahtie*
feestdag holiday *hollidee*
feestvieren celebrate *sellibreet*
feliciteren congratulate *kəngretsjoeleet*
festival festival *festivl*
festiviteiten festivities *festivitiz*
fiets *4.7, 4.8, 6.2, 10.4* bicycle *bajsikl*
fietsen *3.9, 4.1, 4.8* cycling *sajkling*
fietsenmaker bicycle repairman *bajsikl ripeəmən*
fietshelm bicycle helmet *bajsikl helmət*
fietspomp *4.8* bicycle pump *bajsikl pump*
fietsslot bicycle lock *bajsikl lok*
fietstas saddle bag *sedl beg*
fietszitje child's seat *tsjajldz siet*
fijn *3.6, 3.11* nice *najs*

film *3.5, 8.5* film *film*
filmcamera cine camera *sinnie kemrə*
filmen *6.1* to film *toe film*
filter filter *filtə*
flat flat *flet*
flauw (eten) bland *blend*
flauwekul *3.6* rubbish *rubbisj*
fles *4.2, 8.2* bottle *botl*
flesopener bottle opener *botloopnə*
flessenwarmer *8.1* bottle-warmer *botl wohmə*
föhn hair-drier *heə drajə*
föhnen *7.4* blow-dry *bloo draj*
folkloristisch folkloristic *fookləristik*
fontein fountain *fauntin*
fooi tip *tip*
forel *8.2* trout *traut*
formulier *5.1* form *fohm*
fort fort *foht*
foto *2.5, 3.2, 3.12, 7.4, 9.3, 10.2* photo *footoo*
fotograferen *3.5, 6.1* take pictures *teek piktsjəz*
fotokopie photocopy *footookoppie*
fotokopiëren *2.2* photocopy *footookoppie*
fototoestel camera *kemmərə*
fout (bn) *10.6* wrong *rong*
fout (zn) *10.6* mistake *misteek*
Frans *3.4, 6.1* French *frentsj*
frisdrank *8.2* soft drink *soft drink*
fruit *7, 8.2* fruit *froet*

G

gaan *3.9, 4.2, 4.7, 4.12, 6.1, 8.5* go *ĝoo*
gaar *8.3* done *dun*
galerie gallery *ĝellərie*
gang (in gebouw) corridor *korridoh*
garage *4.7* garage *ĝerrahzj*
garderobe wardrobe *wohdroob*
garen thread *Sred*
garnaal shrimp *sjrimp*
gasfles gas cylinder *ges silində*
gaspedaal *4.4* accelerator *ekseləreetə*
gasstel *5.3* gas cooker *ĝes koekə*
gastvrijheid *5.6* hospitality *hospitellətie*
gauw *3.12* soon *soen*
gebakje *8.2* cake *keek*
gebakken *8.2* fried *frajd*

geboren born *bohn*
gebouw *4.1* building *bilding*
gebraden *8.2* roasted *roostid*
gebruikelijk customary *kustəmrie*
gebruiken *4.9, 8.2, 10.1* take *teek*
gebruiksaanwijzing *7.1* instructions *instruksjnz*
gedistilleerd water distilled water *distild wohtə*
gedurende *9.4* during *dzjoering*
geel yellow *jelloo*
gegevens *2.1, 10.2* information *infəmeesjn*
gegrild *8.2* grilled *ĝrild*
gehakt (zn) *8.2* minced meat, mince *minst miet, mins*
gehandicapt handicapped *hendikept*
geheugenkaart *2.5* memory card *memərie kahd*
gehoorapparaat hearing aid *hiəring eed*
gekoeld chilled *tsjild*
gekookt *8.2* boiled *bojld*
gekruid *8.2, 8.3* spicy *spajsie*
gel *7.4* gel *dzjel*
geld *2.1, 2.2, 4.4, 4.11, 7.1, 7.5* money *munnie*
geldautomaat *2.1* cash machine *kesj məsjien*
geldig *4.12* valid *vellid*
geloof (godsdienst) *1.3, 3.3, 3.12* religion *rilidzjən*
geluid sound *saund*
geluk *3.12* luck *luk*
geluk hebben be lucky *bie lukkie*
gemakkelijk easy *iezie*
gemiddelde average *evvridzj*
geneesmiddel medication *meddikeesjn*
genetisch gemanipuleerd genetically modified *dzjənettiklie moddifajd*
genieten enjoy *indzjoj*
genoegen *3.1* pleasure *plezjə*
gepensioneerd *3.3* retired *ritajəd*
gerecht *1.3, 8.2, 8.3, 8.4* dish *disj*
gereedschap tools *toelz*
gereserveerd (besproken) *1.3, 4.12, 5.2, 8.1, 8.6* booked *boekt*
gerookt *4.12, 8.2* smoked *smookt*
geroosterd grilled *ĝrild*
gescheiden *1.5, 3.3, 4.5* divorced *divohst*
geschenk gift *ĝift*
geslachtsdelen *9.2* genitals *dzjennitəlz*
geslachtsziekte *9.3* venereal disease *viniəriəl diziez*
gesprek *2.3* conversation *konvəseesjn*
gesprek (in –) *2.3* engaged *ingeedzjd*
gestolen *4.3, 10.4, 10.6* stolen *stoolən*
getrouwd *3.3* married *merried*

getuige witness *witnis*
gevaar *1.3, 4.5, 6.3, 10.1* danger *deendzjə*
gevaarlijk *4.7* dangerous *deendzjərəs*
gevarendriehoek emergency triangle *imuhdzjnsie trajeng-ĝl*
geven *2.1, 2.3, 4.2, 4.3, 4.7, 6.1* give *ĝiv*
gevoelens *3.11* feelings *fielingz*
gevogelte *8.2* poultry *pooltrie*
gevonden voorwerpen *10.4* lost property office *lost proppətieoffis*
geweldig *6.6* wonderful *wundəfl*
gewicht *4.12* weight *weet*
gewond *10.2* injured *indzjəd*
gewoon normal *nohml*
gezellig *3.6* nice *najs*
gezicht *9.2* face *fees*
gezin *3.3* family *femlie*
gezond healthy *helSie*
gezondheid health *helS*
gids *6.1, 6.5* guide *gajd*
gif poison *pojzn*
gisteren *1.4, 10.4* yesterday *jestədee*
glas *1.3, 8.2* glass *ĝlahs*
gletsjer glacier *ĝlessiə*
god god *god*
godsdienst religion *rilidzjən*
goed *1.3, 3.1, 3.2, 3.6, 3.7, 3.9* well *wel*
goedemiddag *3.2* good afternoon *ĝoed ahftənoen*
goedemorgen *3.2* good morning *ĝoed mohning*
goedenacht *3.12* good night *ĝoed najt*
goedenavond (bij aankomst) *3.2* good evening *ĝoedievning*
goedenavond (bij vertrek) *3.2* good night *ĝoed najt*
goedkoop *5.1* inexpensive *inikspensiv*
golfbaan golf course *ĝolf kohs*
golfen *6.2* play golf *plee ĝolf*
golfslagbad wave-pool *weev poel*
goud gold *ĝoold*
gps *4.9* GPS, mobile navigation system *dzjie pie es, moobajl nevigeesjn sistem*
graag *1.3, 2.1, 2.2, 2.3, 2.5, 3.1* yes, please *jes, pliez*
graden *2.6, 9.3* degrees *diĝriez*
graf grave *ĝreev*
gram gram *ĝrem*
grap joke *dzjook*
gras *1.3* grass *ĝras*
gratis *1.3, 2.4* free *frie*
grens border *bohdə*
grensovergang border crossing *bohdə krossing*

griep *9.3* flu *floe*
grijs grey *ĝree*
grillen grill *ĝril*
groen *10.3* green *ĝrien*
groene kaart *4.2* green card *ĝrien kahd*
groente *7, 8.2* vegetables *vedzjtəblz*
groentesoep vegetable soup *vedzjtəbl soep*
groep *1.4, 6.1* group *ĝroep*
groepsreis *3.3* package tour *pekkidzj toeə*
groeten, de regards *riĝahdz*
grond *5.3* ground *ĝraund*
grondzeil *5.3* groundsheet *ĝraunsjiet*
groot *4.9, 6.4, 10.3* large *lahdzj*
groothoeklens wide-angle lens *wajd eng-ĝl lenz*
grot cave *keev*
grote weg main road *meen rood*
gsm gsm *dzjie es em*

H

haai shark *sjahk*
haar *2.3, 7.4, 10.3* hair *heə*
haarlak hairspray *heəspree*
haarspeld hairpin *heəpin*
haast hebben be in a hurry *bie in ə hurrie*
hak *7.3* heel *hiel*
halal *8.2* halal *halal*
half *1.4, 6.4* half *hahf*
halfpension partial board *pahsjl bohd*
halfvol (halfleeg) half full *hahf foel*
hallo *2.3, 3.2, 3.3* hello *helloo*
hals *9.2* neck *nek*
halte *1.3, 4.12* stop *stop*
ham *8.2* ham *hem*
hamer *5.3* hammer *hemmə*
hand *3.2, 9.2* hand *hend*
handbagage *4.12* hand luggage *hend luĝĝidzj*
handdoek towel *tauwəl*
handgemaakt handmade *hendmeed*
handrem *4.4* hand brake *hendbreek*
handschoen glove *ĝluv*
handtas handbag *hendbeĝ*
handtekening *10.2* signature *siĝnətsjə*
handwerk handicrafts *hendikrahfts*
hard (luid) *4.4, 5.3, 10.6* loud *laud*
hard (stijf) *4.4, 5.3, 10.6* hard *hahd*

haring (tent-) *8.2* tent peg *tent peĝ*
haring (vis) *8.2* herring *herring*
hart *8.2, 9.3* heart *haht*
hartig savoury *seevrie*
haven harbour *hahbə*
hechten (med.) stitch *stitsj*
hechting stitch *stitsj*
heenreis *4.12* outward journey *autwəd dzjuhnie*
heerlijk (erg lekker) *3.6, 3.7, 8.2* delicious *dilisjəs*
heerlijk (erg leuk) *3.6, 3.7, 8.2* delightful *dilajtfl*
heimwee hebben be homesick *bie hoomsik*
hek *5.2, 5.3* fence *fens*
helemaal *4.12, 5.3, 5.4* completely *kəmplietlie*
helft *1.4* half *hahf*
helling *4.5* slope *sloop*
helm *4.9* helmet *helmit*
helpen *1.3, 2.3, 3.2, 4.7, 4.12, 5.4* help *help*
hemd (onder-) vest *vest*
hengel fishing rod *fisjing rod*
herfst *1.4* autumn *ohtəm*
herhalen *3.4* repeat *ripiet*
hersenschudding concussion *kənkusjn*
hetzelfde *8.2* the same *Də seem*
heup *9.2* hip *hip*
hiel *9.2* heel *hiel*
hier *1.3, 2.1, 2.2, 2.3, 2.6, 2.7* here *hiə*
hindoeïstisch Hindu *hindoe*
hobby *3.5* hobby *hobbie*
hoe? *1.3, 1.4, 2.3, 2.5, 3.2, 3.3* how? *hau?*
hoe lang? *1.3, 2.5, 3.3, 4.2, 4.11, 4.12* how long? *hau long?*
hoe ver? *1.3, 4.11, 4.12* how far? *hau fah?*
hoed hat *het*
hoek *4.1* corner *kohnə*
hoest cough *kof*
hoestdrank cough mixture *kof mikstsjə*
hoeveel? *1.3, 2.1, 2.2, 2.4, 2.5, 2.6* how much? *hau mutsj?*
hond *1.3, 9.2* dog *doĝ*
honger hebben be hungry *bie hung-ĝrie*
honing honey *hunnie*
hoofd *1.3, 9.2* head *hed*
hoofdgerecht main course *meen kohs*
hoofdpijn headache *heddeek*
hoofdstad capital *keppitl*
hoog *6.5, 7.3* high *haj*
hoogtevrees vertigo *vuhtigoo*
hoogteziekte *6.5* altitude sickness *eltitjoed siknəs*

hooikoorts hay fever *hee fievə*
horizontaal horizontal *horizontl*
horloge watch *wotsj*
hotel *1.3, 2.7, 3.3, 4.12, 5.1, 5.4* hotel *hootel*
houdbaar zijn be best before *bie best bifoh*
houden van (iemand) love *luv*
houden van (iets) like *lajk*
hout wood *woed*
huid skin *skin*
huilen cry *kraj*
huis *3.3, 3.12, 8.2* house *haus*
huisarts *1.3* doctor/g.p. *doktə/dzjie pie*
huisdieren *1.3, 5.2* pets *pets*
huishoudelijke artikelen *7* household items *haushooldajtəmz*
huisje (vakantie-) holiday house *hollidee haus*
huisnummer house number *haus numbə*
huisvrouw *3.3* housewife *hauswajf*
hulp *1.3, 9.3* help *help*
huren *4.9, 4.11, 5.3, 5.4, 6.1, 6.2* hire *hajə*
hut (niet op schip) *4.12, 5.3* hut *hut*
hut (op schip) *4.12, 5.3* cabin *kebbin*
huur (zn) *1.3, 5.3* rent *rent*
huur (te –) *1.3, 5.3* for hire *foh hajə*
huurauto rented car *rentid kah*
huwelijk marriage *merridzj*
huwelijk (bruiloft) wedding *wedding*
huwelijksreis *3.3* honeymoon *hunnimoen*
hyperventilatie hyperventilation *hajpəventileesjn*

I

idee *3.9* idea *ajdiə*
identificeren, zich show proof of identity *sjoo proef əv ajdentitie*
identiteitsbewijs *1.5, 2.1, 10.2, 10.6* identification *ajdentifikeesjn*
iemand *2.3, 3.4, 6.5, 9.2, 10.2, 10.6* someone *sumwun*
iets *3.6, 3.8, 3.9, 3.10, 4.1, 4.2* something *sumSing*
ijs (consumptie-) *8.2* icecream *ajskriem*
ijsblokjes ice cubes *ajs kjoebz*
ijzer iron *ajən*
ijzerwarenhandel ironmonger's *ajənmung-ĝəz*
imperiaal roof rack *roef rek*
in *1.3, 1.4, 2.1, 2.2, 2.3, 2.5* in *in*
inbegrepen *4.9, 5.4, 8.2, 8.4* included *inkloedid*
inbraak burglary *buhĝlərie*
inchecken *4.12* check in *tsjek in*
inclusief *5.4* included *inkloedid*

indrukken *3.2* press *pres*
inenten vaccinate *veksineet*
inenting inoculation *inokjoeleesjn*
infectie (virus–, bacteriële –) *9.3* infection (viral –, bacterial –) *infeksjn (vajrl –, bektiəriəl –)*
informatie *1.3, 2.3, 6.1* information *infəmeesjn*
ingang *1.3* entrance *entrəns*
ingrediënt ingredient *ingriediənt*
inhaalverbod no overtaking *noo oovəteeking*
inhalen overtake *oovəteek*
injectie injection *indzjeksjn*
inlegkruisje panty liner *pentie lajnə*
inlichting information *infəmeesjn*
inlichtingenbureau information office *infəmeesjnoffis*
innemen *9.4* take *teek*
inpakken *4.2, 7.1* wrap *rep*
insect *9.2* insect *insekt*
insectenbeet insect bite *insekt bajt*
insgelijks *3.12* you too *joe toe*
instapkaart *4.12* boarding card *bohding kahd*
internationaal international *intənesjnəl*
internet *2.4, 4.12, 5.4* internet *intənet*
internetbankieren internet banking *intənet benking*
internetcafé *2.4* internet cafe *intənet keffee*
invalide disabled *diseebld*
invoerrechten *4.2* import duty *impoht djoetie*
invullen *2.1, 5.1, 10.6* fill out *fil aut*
islamitisch islamic *izlemik*

J

ja *1.3, 3.2, 3.9, 7.1* yes *jes*
jaar *1.4, 3.3, 6.5, 7.3, 8.5, 10.3* year *jiə*
jacht (schip) yacht *jot*
jachthaven marina *məriena*
jam jam *dzjem*
jammer *3.6* pity *pittie*
jarig (zijn) have one's birthday *hev wunz buSdee*
jas coat *koot*
jasje jacket *dzjekkit*
jerrycan *5.3* jerry can *dzjerrie ken*
jetlag jet-lag *dzjet-leg*
jeugdherberg *5.1* youth hostel *joeS hostəl*
jeuk itch *itsj*
jodium iodine *ajədien*
jongen *3.3, 3.7* boy *boj*

joods 3.3 Jewish *dzjoewisj*
jurk dress *dres*
juwelier 7 jeweller *dzjoewələ*

K

kaak 9.2 jaw *dzjoh*
kaars candle *kendl*
kaart (land-) 4.1, 4.2, 6.1, 8.4 map *mep*
kaartje (toegang) 4.12, 5.3, 8.6 ticket *tikkit*
kaartje (voor transport) 4.12, 5.3, 8.6 ticket *tikkit*
kaas (oude –, jonge –) 8.2 cheese (mature –, mild –) *tsjiez (mətjoeə –, majld –)*
kabeljauw 8.2 cod *kod*
kakkerlak cockroach *kokrootsj*
kalfsvlees 8.2 veal *viel*
kalmeringsmiddel 9.4 sedative *seddətiv*
kam comb *koom*
kameel camel *kemməl*
kamer 2.3, 5.2, 5.4, 5.5, 5.6, 9.3 room *roem*
kamermeisje chambermaid *tsjeembəmeed*
kamernummer room number *roem numbə*
kampeergids camping guide *kemping ĝajd*
kampeerterrein camp site *kemp sajt*
kampeervergunning camping permit *kemping puhmit*
kamperen 2.7, 5.3, 6.3 camp *kemp*
kampvuur 5.3 campfire *kempfajə*
kampwinkel camp shop *kemp sjop*
kano canoe *kənoe*
kanoën canoe *kənoe*
kant (richting) 5.4, 8.1 way *wee*
kantoor 3.3, 6.1 office *offis*
kapel chapel *tsjepl*
kapot 3.6, 4.1, 4.7, 5.5, 7.1, 8.3 broken *brookən*
kapper hairdresser *heədresə*
karaf carafe *kəref*
kassa 1.3, 7.5 cash desk *kesj desk*
kassabon 7.5 receipt *risiet*
kast cupboard, chest of drawers *kubəd, tsjest əv drohəz*
kasteel castle *kahsl*
kathedraal cathedral *kəSiedrəl*
katholiek 3.3 Roman Catholic *roomən keSəlik*
katoen 7.3 cotton *kotn*
kauwgum chewing gum *tsjoewing ĝum*
keel 9.2 throat *Sroot*

keel-, neus- en oorarts ear, nose and throat (ENT) specialist *iə, nooz en Sroot (iejentie) spesjəlist*
keelpijn sore throat *soh Sroot*
keer *5.6, 6.2, 8.4, 9.4* turn *tuhn*
kentekenbewijs *4.2* registration *redzjistreesjn*
kentekenplaat number plate *numbə pleet*
kerk church *tsjuhtsj*
kerkdienst church service *tsjuhtsj suhvis*
kerkhof cemetery *semmitrie*
kermis fair *feə*
Kerstmis Christmas *krisməs*
ketting *4.8* chain *tsjeen*
kettingkast *4.8* chain guard *tsjeen ĝahd*
kettingslot chain lock *tsjeen lok*
keuken *5.5, 8.1* kitchen *kitsjin*
kies *9.5* molar *moolə*
kiespijn *9.5* toothache *toeSeek*
kiestoon dialling tone *dajəling toon*
kiezen choose *tsjoez*
kijken look *loek*
kilo *1.3, 7.2* kilo *kieloo*
kilometer *4.1, 4.6, 4.9* kilometre *kilommitə*
kilometerteller *4.8* milometer *majlommitə*
kin *9.2* chin *tsjin*
kind *3.3, 7.3, 8.2* child *tsjajld*
kinderbedje *5.4* cot *kot*
kinderstoel *8.1* highchair *hajtsjeə*
kinderwagen pram *prem*
kindvriendelijk suitable for children *sjoetəbl fə tsjildrən*
kiosk *7* news stand *njoez stend*
kip *8.2* chicken *tsjikkin*
klaar *2.5, 4.7, 7.3* ready *reddie*
klacht complaint *kəmpleent*
klassiek concert classical concert *klessikl konsət*
kleding *5.4* clothing *klooDing*
kledingstuk piece of clothing *pies ov klooDing*
kleerhanger clothes hanger *klooD hengə*
klein *4.9, 5.4, 7.4, 10.3* small *smohl*
kleingeld *2.1* small change *smohl tsjeendzj*
kleinkind grandchild *ĝrentsjajld*
kleren clothes *klooDz*
kleur *7.3, 7.4* colour *kullə*
kleurboek colouring book *kulləring boek*
kleurpotloden colour pencils *kullə penslz*
klimaat climate *klajmit*
klimmen climb *klajm*

klimuitrusting climbing gear *klajming giə*
klontje (suiker) lump *lump*
klooster monastery *monnəstrie*
kluis (bagage) *4.3, 5.3, 5.4* luggage locker *luĝĝidzj lokkə*
kluis (in hotel) *4.3, 5.3, 5.4* safe *seef*
knalpot *4.4* silencer *sajlənsə*
kneuzen bruise *broez*
knie *9.2* knee *nie*
knijprem *4.8* handlebar brake *hendlbah breek*
knippen *7.4* cut *kut*
knoflook *8.2* garlic *ĝahlik*
knoop (aan jas) button *butn*
knop(je) button *butn*
knuffelbeest cuddly toy *kudlie toj*
koekenpan frying pan *frajing pen*
koekjes biscuits *biskits*
koelbox *5.3* cool box *koel boks*
koelelement *5.3* ice pack *ajs pek*
koelkast refrigerator *rifridzjəreetə*
koers (geld) exchange rate *ikstsjeendzj reet*
koffer *4.3* suitcase *soetkees*
kofferbak *4.4, 4.10* boot *boet*
koffie *8.2* coffee *koffie*
koffiemelk condensed milk *kəndenst milk*
koffiezetapparaat coffee machine *koffie mesjien*
kok *3.7* cook *koek*
koken (eten –) cook *koek*
koken (water –) boil *bojl*
komen *2.7, 3.2, 4.11, 5.6, 6.3, 6.5* come *kum*
komkommer *8.2* cucumber *kjoekumbə*
kompas *5.3* compass *kompəs*
koning king *king*
koningin queen *kwien*
koorts *9.2, 9.3* fever *fievə*
koosjer *8.2* kosher *koosjə*
kopen *2.3, 4.8, 4.12, 6.4, 6.5* buy *baj*
kopie copy *koppie*
kopieerapparaat photocopier *footookoppiə*
kopje cup *kup*
koplamp *4.4, 4.8* headlight *hedlajt*
koptelefoon headphones *hedfoonz*
kort *7.4, 10.3* short *sjoht*
korting *5.1, 6.1* discount *diskaunt*
kortsluiting short circuit *sjoht suhkit*
kostbaar *10.4* valuable *veljəbl*

kostuum costume *kostjoem*
kotszakje air sickness bag *eə siknəs beĝ*
koud *2.6, 8.2, 8.3* cold *koold*
kous stocking *stokking*
kraan *2.7* tap *tep*
kraanwater tap water *tep wohtə*
krampen (in buik) stomach cramps *stummək kremps*
krampen (in spieren) muscle spasms *musl spezmz*
kransslagader *9.3* coronary artery *koronəriahtəri*
krant newspaper *njoespeepə*
kreeft *8.2* lobster *lobstə*
krik jack *dzjek*
krokodil crocodile *krokədajl*
kruiden (ww) *6.6, 8.2* season *siezən*
kruiden (zn) *6.6, 8.2* herbs *huhbz*
kruidenier *7* grocer *ĝroosə*
kruidenthee herbal tea *huhbl tie*
kruik hot-water bottle *hot wohtə botl*
kruispunt crossing *krossing*
krullend *10.3* curly *kuhlie*
kubieke meter cubic metre *kjoebik mietə*
kuit (lichaamsdeel) *9.2* calf *kahf*
kunst *3.6* art *aht*
kunstgebit *9.5* dentures *dentsjəz*
kunstnijverheid industrial art *industriəl aht*
kurkentrekker *5.3* corkscrew *kohkskroe*
kus *3.11* kiss *kis*
kussen (ww) kiss *kis*
kussen (zn) pillow *pilloo*
kussensloop pillowcase *pillookees*
kuur (medicijnen) *9.4* course *kohs*
kwaad angry *eng-ĝrie*
kwal *9.2* jellyfish *dzjellifisj*
kwaliteit quality *kwollitie*
kwart *1.4* quarter *kwohtə*
kwartier *1.4, 8.1* quarter of an hour *kwohtər ov ənauwə*
kwijt *4.1, 6.1, 10.3, 10.4, 10.6* lost *lost*
kwitantie *4.7* receipt *risiet*

L

laag *7.3* low *loo*
laars boot *boet*
laat *1.3, 1.4, 3.1, 3.2, 4.9, 4.11* late *leet*
laatste *4.11* last *lahst*
lachen laugh *lahf*

laken sheet *sjiet*
lamp *5.3* lamp *lemp*
lamsvlees *8.2* lamb *lem*
land *6.5* country *kuntrie*
landen land *lend*
landkaart map *mep*
landnummer *2.3* country code *kuntrie kood*
lang (afstand) *1.3, 2.5, 2.6, 3.3, 4.2, 4.11* long *long*
lang (mens) *1.3, 2.5, 2.6, 3.3, 4.2, 4.11* tall *tohl*
langlaufen cross-country skiing *kros kuntrie skiejing*
langlaufloipe cross-country run *kros kuntrie run*
langzaam *4.5* slow *sloo*
laptop laptop *leptop*
last (ongemak) *5.5, 6.5, 9.2, 9.5* trouble *trubl*
last hebben van be troubled by *bie trubld baj*
lawaai *5.5* noise *nojz*
lawine *2.7* avalanche *evəlahntsj*
laxeermiddel laxative *leksətiv*
lederwaren leather goods *leDə ĝoedz*
leeftijd age *eedzj*
leeg empty *emtie*
leer *7.3* leather *leDə*
leeuw lion *lajən*
legitimatiebewijs identity card *ajdentiti kahd*
lek (van band) leak *liek*
lekker *2.6, 3.7, 3.11* nice *najs*
lelijk ugly *uĝlie*
lende *9.2* loin *lojn*
lenen (aan) lend *lend*
lenen (van) borrow *borroo*
lens *2.5* lens *lenz*
lente *1.4* spring *spring*
lenzenvloeistof lens-cleaning liquid *lenz kliening likwid*
lepel spoon *spoen*
les *6.2* lesson *lesn*
leuk *3.3, 3.6, 3.7, 3.12, 8.5* nice *najs*
leuk vinden like *lajk*
levensmiddelen food *foed*
lever *8.2, 9.3* liver *livə*
lezen *7.4* read *ried*
lichaam body *boddie*
licht (bn) light *lajt*
licht (zn) light *lajt*
lidmaatschap *8.5* membership *membəsjip*
lief *3.7, 3.11* sweet *swiet*
liefde love *luv*

liegen lie *laj*
lies *9.2* groin *ĝrojn*
liever hebben prefer *prifuh*
lift (in gebouw, met auto) *4.7, 4.10, 5.4* lift *lift*
lift (stoeltjes-) *4.7, 4.10, 5.4* chair lift *tsjeəlift*
liften *2.7* hitchhike *hitsjhajk*
liggen *1.3, 9.3, 10.4* lie *laj*
ligstoel *5.3, 6.3* reclining chair, reclining seat *riklajning tsjeə*
lijm glue *ĝloe*
lijn *4.11* line *lajn*
limonade soft drink *soft drink*
links *4.1, 4.5* left *left*
linksaf *4.1, 4.5, 4.12* left *left*
linnen *7.3* linen *linnin*
linnengoed linen *linnin*
lippenstift lipstick *lipstik*
liter *4.6* litre *lietə*
literatuur literature *litrətsjə*
loge *8.6* box *boks*
logé guest *ĝest*
logeren stay *stee*
loket *2.2* window *windoo*
long *9.3* lung *lung*
loodvrij unleaded *unleddid*
lopen *1.3, 3.9, 4.1, 4.11, 6.3, 6.5* walk *wohk*
lotion lotion *loosjn*
lpg *4.6* LPG *el pie dzjie*
luchtbed *5.3* airbed *eəbed*
luchtbedstopje *5.3* airbed plug *eəbed plug*
luchtfilter *4.4* air filter *eə filtə*
luchthaven airport *eəpoht*
luchthavenbelasting airport tax *eəpoht teks*
luchtpomp *5.3* pump *pump*
luchtpost (per -) *2.2* by airmail *bajeəmeel*
luchtvaartmaatschappij airline company *eəlajn kumpənie*
luchtvervuiling air pollution *eə poloesjn*
lucifers matches *metsjiz*
luier nappy *neppie*
luifel *5.3* awning *ohning*
luisteren listen *lisn*
lukken succeed *səksied*
lunch lunch *luntsj*
lusten like *lajk*

maag *9.3* stomach *stummək*
maagpijn stomach ache *stummək eek*
maagzweer *9.3* ulcer *ulsə*
maal (keer) *9.4* times *tajmz*
maaltijd *9.4* meal *miel*
maand *1.4, 8.5* month *munS*
maandverband sanitary pad *sennitrie ped*
maat (kleding, schoenen) *7.3* size *sajz*
macrobiotisch macrobiotic *mekroobajotik*
mager thin *Sin*
magnetron microwave *majkrooweev*
mailen *3.12* to mail *toe meel*
maken (repareren) *2.5, 3.2, 3.3, 6.1, 6.2, 6.3* fix *fiks*
malaria malaria *məleəriə*
mals tender *tendə*
man *3.3, 4.10, 10.3* man *men*
mandarijn mandarin *mendərin*
manege riding school *rajding skoel*
manicure manicure *mennikjuə*
markt *7* market *mahkit*
marmer marble *mahbl*
massage *6.6* massage *messahzj*
mat (foto) *2.5* mat *met*
maximumsnelheid *4.5* speed limit *spied limmit*
mayonaise mayonnaise *meejəneez*
medicijn medicine *medsn*
meel flour *flauwə*
meer (zn) *1.3, 3.10, 4.7, 4.12, 5.3, 5.4* lake *leek*
meestal *3.3* usually *joezjəlie*
megapixels megapixles *meĝapiksəlz*
meisje *3.3, 10.3* girl *ĝuhl*
melk *8.2* milk *milk*
meloen *8.2* melon *mellən*
meneer *3.2, 8.2* sir *suh*
menstruatie menstruation *menstroeweesjn*
menukaart *8.2* menu *menjoe*
mes knife *najf*
metaal metal *metl*
meteen at once *et wans*
meter (100 cm) *4.12* metre *mietə*
meter (in taxi) *4.12* meter *mietə*
metro *1.3, 4.11* underground *undəĝraund*
metronet *4.11* underground railway system *undəĝraund reelwee sistim*
metrostation underground station *undəĝraund steesjn*

mevrouw *3.2, 7.4, 8.2* madam *meddəm*
middags ('s) *1.4* afternoon (in the) *ahftənoen (in Die)*
middel (manier) way *wee*
midden (in het –) *4.1, 4.12* centre *sentə*
mier ant *ent*
migraine migraine *majĝreen*
milkshake milkshake *milksjeek*
milt *9.3* spleen *splien*
minder *2.1* less *les*
mineraalwater mineral water *minnərəl wohtə*
minuut *2.3* minute *minnit*
mis (zn) *4.7* mass *mes*
misschien *1.3, 3.9, 8.2* maybe *meebie*
misselijk zijn be sick *bie sik*
missen *3.12* miss *mis*
mist *2.6* fog *foĝ*
misverstand misunderstanding *misundəstending*
mobieltje *10.4* mobile *moobajl*
mode fashion *fesjn*
moderne kunst modern art *modn aht*
moeder *3.3* mother *muDə*
moeilijkheid difficulty *diffikltie*
moeras swamp *swomp*
moersleutel spanner *spennə*
mogelijk *4.10* possible *possibl*
mogen (aardig vinden) *5.3, 6.3, 8.1, 8.2, 8.4, 9.3* like *lajk*
mogen (toestemming hebben) *5.3, 6.3, 8.1, 8.2, 8.4, 9.3* be allowed to *bie əlaud toe*
molen (wind–) (wind)mill *windmil*
moment moment *moomənt*
mond *6.5, 9.2, 9.3, 9.5* mouth *mauS*
montuur frame *freem*
mooi *2.6, 3.6* beautiful *bjoetifl*
morgen *1.4, 2.3, 2.6, 3.3, 3.11, 3.12* tomorrow *təmorroo*
morgens ('s) *1.4* in the morning *in Də mohning*
morning-afterpil *9.2* morning-after pill *mohningahftə pil*
moskee mosque *mosk*
moslim *3.3* Muslim *muslim*
mosselen *8.2* mussels *muslz*
mosterd mustard *mustəd*
motel motel *mootel*
motorblok *4.4* engine block *endzjin blok*
motorboot *6.3* motorboat *mootəboot*
motorcrossen motor cross *mootə kros*
motorfiets *4.7* motorbike *mootəbajk*
motorkap bonnet *bonnit*

motorpech car trouble *kah trubl*
mug gnat *net*
muggenolie insect repellant *insekt ripellənt*
muis mouse *maus*
muntgeld coins *kojnz*
museum museum *mjoezieəm*
musical musical *mjoezikl*
muts hat *het*
muziek *3.5* music *mjoezik*

N

na *1.4* after *ahftə*
naakt naked *neekid*
naaktstrand *6.3* nude beach *njoed bietsj*
naald needle *niedl*
naam (achternaam) *2.2, 2.3, 5.2, 8.1, 8.6, 10.2* surname *suhneem*
naam (voornaam) *2.2, 2.3, 5.2, 8.1, 8.6, 10.2* christian name *kristsjən neem*
naast *4.1, 5.4* next to *nekst toe*
nacht *1.4, 5.2, 6.5* night *najt*
nachtclub *8.5* nightclub *najtklub*
nachtleven nightlife *najtlajf*
nagel nail *neel*
nagellak nail polish *neel pollisj*
nagelschaartje nail scissors *neel sizzəz*
nagelvijl emery board *emrie bohd*
nagerecht *8.2* dessert *dizuht*
nat *2.6, 7.3, 7.4* wet *wet*
nationaliteit *1.5* nationality *nesjənellətie*
naturisme naturism *neetsjərizm*
natuur nature *neetsjə*
natuurexcursie nature excursion *neetsjə ekskuhsjən*
natuurlijk *1.3* natural *netsjrəl*
natuurpark nature reserve *neetsjə rizuhv*
natuurvoedingswinkel organic food shop *ohgenik foed shop*
navel *9.2* navel *neivəl*
navigatiesysteem *4.1, 4.9* navigation system *neviĝeesjn sistem*
Nederland *2.1, 3.3, 3.12, 7.3, 9.3* Holland *hollənd*
Nederlander *3.4* Dutch *dutsj*
Nederlands *2.3, 6.1* Dutch *dutsj*
nee *1.3, 3.8, 3.9, 3.11, 5.4, 7.1* no *noo*
neef (zoon van broer/zus) nephew *nevjoe*
neef (zoon van oom/tante) cousin *kuzin*
negatief (foto) negative *neĝĝətiv*
nek *9.2* neck *nek*

nergens *4.1, 10.6* nowhere *noowea*
netspanning mains voltage *meenz voltidzj*
netwerk network *netwuhk*
neus *9.2* nose *nooz*
neusdruppels nose drops *nooz drops*
nicht (dochter van broer/zus) niece *nies*
nicht (dochter van oom/tante) cousin *kuzzin*
niemand *1.3* no-one *noowun*
nier *9.3* kidney *kidni*
niet *1.3, 2.1, 2.3, 2.5, 2.7, 3.1* not *not*
niet-roker non-smoker *nonsmooka*
niets *1.3, 3.3, 3.6, 4.2, 4.7, 9.3* nothing *nuSSing*
nieuw *4.2* new *njoe*
nieuwjaarsdag New Year's Day *njoe jiəz dee*
nieuws news *njoez*
nodig *4.9, 4.12, 6.2* necessary *nessisrie*
non-stop nonstop *nonstop*
noodrem *1.3* emergency brake *imuhdzjnsie breek*
nooduitgang *1.3, 5.4, 10.1* emergency exit *imuhdzjnsieeksit*
noodvulling temporary filling *temprie filling*
noodzakelijk necessary *nessisrie*
nooit never *nevə*
noorden *4.1* north *nohS*
norit norit *norit*
normaal (benzine) *8.2* 2 star # *toe stah*
normaal (bn) *8.2* normal *nohml*
notebook notebook *nootboek*
noten (gemengd) *8.2* nuts *nuts*
nummer *1.5, 2.3, 5.4* number *numbə*
nummerbord number plate *numbə pleet*

O

ober *8.2* waiter *weetə*
ochtendjas dressing gown *dressing ĝaun*
ochtends ('s) in the morning *in Də mohning*
oesters *8.2* oysters *ojstəz*
oever bank *benk*
of *2.3, 3.3, 4.12, 5.3, 5.4, 7.3* or *oh*
ogenblik *2.3, 3.4* moment *moomənt*
oké *3.11* OK, okay *oo kee*
oksel *9.2* armpit *ahmpit*
olie *4.6, 8.2* oil *ojl*
olie verversen *4.6* change the oil *tsjeendzj Die ojl*
oliepeil *4.6* oil level *ojl levl*
olifant elephant *elləfənt*

olijf *8.2* olive *olliv*
olijfolie olive oil *olliv ojl*
oma grandmother *ĝrenmuDə*
omelet omelette *omlit*
omgeving *2.7, 6.1* area *eəriə*
omleiding *4.5* deviation *dievieesjn*
onbeleefd rude *roed*
onder *2.6, 4.1, 4.12, 7.3, 8.1* under *undə*
onderbroek underpants *undəpents*
onderbuik *9.2* abdomen *ebdəmən*
onderdak accommodation *əkomədeesjn*
onderdeel part *paht*
ondergoed underwear *undəweə*
ondertekenen sign *sajn*
ondertiteld subtitled *subtajtld*
onderweg *4.11* on the way *on Də wee*
onderzoeken (med.) *9.3* examine *eĝzemin*
ondiep shallow *sjelloo*
ongedierte *5.5* bugs *buĝz*
ongelijk (niet vlak) *5.3* uneven *unnievn*
ongeluk *3.1, 10.2* accident *eksidənt*
ongerust worried *wurried*
ongesteld zijn menstruate *menstroeweet*
ongetrouwd single *sing-ĝl*
ongeveer about *əbaut*
onkosten expenses *ikspensiz*

onmiddellijk immediately *immiediətlie*
onmogelijk *1.3* impossible *impossibl*
ons (100 g) *2.6, 3.2, 3.7, 3.9, 3.10, 3.12* 100 grams *hundrid ĝremz*
onschuldig *10.6* innocent *innəsnt*
ontbijt *5.4* breakfast *brekfəst*
ontbreken *5.5* be missing *bie missing*
ontlasting *9.3* stools *stoelz*
ontmoeten (leren kennen) *3.3* meet *miet*
ontmoeten (tegenkomen) *3.3* run into *runintoe*
ontruiming vacation *veekeesjn*
ontsmettingsmiddel disinfectant *disinfektənt*
ontsteking (med.) *4.4, 9.3* inflammation *infləmeesjn*
ontvangstbewijs receipt *risiet*
ontwikkelen *2.5* develop *divelləp*
ontzettend *5.5* terribly *terrəblie*
onweer *2.6* thunderstorm *Sundəstohm*
onzin *3.6* ridiculous *riddikjoeləs*
oog *7.4, 9.2* eye *aj*
oogarts eye specialist *aj spesjəlist*
oogdruppels eye drops *aj drops*

oogkas *9.2* eye socket *aj sokkit*
oogschaduw eye shadow *aj sjeddoo*
oor *9.2* ear *ieə*
oorbel earring *iəring*
oordruppels eardrops *iədrops*
oorpijn *9.2* earache *iəreek*
oosten *4.1* east *iest*
op *1.3, 1.4, 2.2, 2.3, 2.5, 2.7* on *on*
opa grandfather *ĝrenfahDə*
opbellen call *kohl*
open *1.3, 2.5, 4.3, 4.12, 5.2, 5.5* open *oopən*
openbaar vervoer *4.12, 6.1* public transport *publik transpoht*
openen open *oopən*
openingstijden *1.3* opening hours *oopning auəz*
opera *8.5* opera *oprə*
opereren operate *oppəreet*
operette operetta *oppərettə*
opgravingen excavation *ekskəveesjn*
ophalen *3.10, 4.9, 4.12, 7.1, 7.2, 8.6* pick up *pik up*
oplader charger *tsjahdzjə*
oplichting swindle *swindl*
opnieuw *4.1, 4.12* again *əĝen*
oponthoud delay *dilee*
oppas *5.4* baby-sitter *beebie sittə*
oprit slip road *slip rood*
opruimen tidy *tajdie*
opruiming *1.3* clearance *kliərəns*
opschrijven *3.4, 5.1* write down *rajt daun*
optelling addition *ədisjn*
opticien (winkel) *7* optician *optisjn*
opzoeken *3.4* look up *loek up*
oranje orange *orrindzj*
orkaan hurricane *hurrikən*
oud *3.3, 6.1* old *oold*
ouders parents *peərənts*
oven *8.2* oven *uvən*
overal *4.1* everywhere *evriweə*
overdag during the day *djoering Də dee*
overgeven vomit *vommit*
overhemd shirt *sjuht*
overkant other side *uDə sajd*
overmorgen *1.4* the day after tomorrow *Də deeahftə təmorroo*
overnachting overnight stay *oovənajt stee*
overstappen *4.11, 4.12* change *tsjeendzj*
oversteken *4.1* cross the road *kros Də rood*
overstroming *2.7* flood *flud*

overtocht crossing *krossing*

P

paard horse *hohs*
paardrijden *6.2* (horseback)riding *(hohsbek)rajding*
paars purple *puhpl*
paddenstoelen mushrooms *musjroemz*
pagina *2.2* page *peedzj*
pak suit *soet*
pak(ket)je parcel *pahsl*
paleis palace *pellis*
paling *8.2* eel *iel*
pan *5.3* pan *pen*
pannenkoek *8.2* pancake *penkeek*
panty tights *tajts*
papier *3.12* paper *peepə*
papieren zakdoekje tissue *tisjoe*
paprika *8.2* paprika *peprikə*
paracetamol paracetamol *perəsetəmol*
paraplu umbrella *umbrellə*
parasol *6.3* parasol *perrəsol*
pardon *3.1, 3.2, 4.1* pardon *pahdn*
parfum perfume *puhfjoem*
park park *pahk*
parkeerboete parking fine *pahking fajn*
parkeergarage *4.5* multi-storey car park *multistohrie kah pahk*
parkeerplaats *4.5* parking space *pahking spees*
parkeren *4.4, 4.5, 5.4* park *pahk*
parlementsgebouw houses of parliament *hauziz əv pahləmənt*
partner *3.3* partner *pahtnə*
Pasen Easter *iestə*
pasfoto *2.5, 6.4* passport photo *pahspoht footoo*
paskamer *7.3* fitting room *fitting roem*
paspoort *1.5, 2.1, 4.2, 4.12, 5.1, 5.4* passport *pahspoht*
passagier passenger *pessindzjə*
passen (aanproberen) *7.3* try on *traj on*
passen (de goede maat zijn) *7.3* fit *fit*
pasta pasta *pasta*
patates frites chips *tsjips*
patiënt patient *peesjnt*
pauze intermission *intəmisjn*
pech (met auto) *4.7* car trouble *kah trubl*
pedaal *4.4, 4.8* pedal *pedl*
pedicure pedicure *peddikjuə*
peer *8.2* pear *peə*

pen *3.12* pen *pen*
penis penis *pienis*
pensioen pension *pensjn*
pension guest house *ĝest haus*
peper *8.2* pepper *peppə*
permanent (haar) perm *puhm*
permanenten perm *puhm*
perron *4.12* platform *pletfohm*
persoon *5.2, 5.3, 5.4* person *puhsn*
persoonlijk personal *puhsnəl*
piano piano *piejenoo*
picknick picnic *piknik*
pier pier *piə*
piercing piercing *piəsing*
pijl *4.1* arrow *erroo*
pijn *9.2, 9.3, 9.5* pain *peen*
pijnstiller *9.5* painkiller *peenkillə*
pijp pipe *pajp*
pijptabak pipe tobacco *pajp təbekkoo*
pikant *8.2* hot *hot*
pil (anticonceptie-) *9.3* (contraceptive) pill *(kontrəseptiv) pil*
pincet tweezers *twiezəz*
pincode PIN number *pin numbə*
pinda's *8.2* peanuts *pienuts*
pinnen (betalen) *2.1, 5.2, 7.5* use one's cash card *joez wunz kesj kahd*
pinnen (geld opnemen) *2.1, 5.2, 7.5* draw money from a cash dispenser *droh munnie from ə kesh dispensə*
pizza pizza *pidza*
plaats (plek) *1.5, 4.12, 5.2, 5.3, 5.5, 8.1* spot *spot*
plaats (zit-) *1.5, 4.12, 5.2, 5.3, 5.5, 8.1* seat *siet*
plaatselijk *9.5* local *lookl*
plakband cellotape *sellәteep*
plakken (band) *4.7, 4.8, 5.3* fix *fiks*
plan *4.2, 6.1* plan *plen*
plant plant *plahnt*
plastic plastic *plestik*
plattegrond (stads-) *4.11, 6.1* city map *sittie mep*
platteland country *kuntrie*
plein square *skweə*
pleister bandaid *bendeed*
plezier *3.12* fun *fun*
poedermelk powdered milk *paudəd milk*
poes cat *ket*
politie *10.1, 10.2* police *pəlies*
politiebureau *10.1* police station *pəlies steesjn*
pols *9.2* wrist *rist*

pond (500 g) *4.6, 10.6* pound *paund*
pond (munteenheid) *4.6, 10.6* pound *paund*
pont ferry *ferrie*
pony (kapsel) *7.4* fringe *frindzj*
pop doll *dol*
popconcert pop concert *pop konsət*
port (wijn) port *poht*
portefeuille wallet *wollit*
portemonnee *10.4* purse *puhs*
portie *8.2* helping *helping*
portier (auto) *4.4* car door *kah doh*
portier (man) *4.4* porter *pohtə*
porto postage *poostidzj*
post *2.2, 5.2, 5.6* mail *meel*
postcode *1.5* postcode *pooskood*
postkantoor *2.2, 7* post office *poostoffis*
postpakket parcel *pahsl*
postpapier notepaper *nootpeepə*
postzegel stamp *stemp*
potlood pencil *pensl*
praatpaal *4.7* emergency phone *imuhdzjnsie foon*
prachtig beautiful *bjoetifl*
praten *3.3, 3.4, 10.2* talk *tohk*
prei *8.2* leek *liek*
prepaidkaart *2.3* prepaid card *priepeed kahd*
pretpark amusement park *əmjoezmənt pahk*
prijs *4.9, 5.4, 8.4* price *prajs*
prijslijst price list *prajs list*
probleem *3.11* problem *problәm*
proces-verbaal *10.6* report *ripoht*
proeven taste *teest*
programma programme *proogrem*
proost *8.2* cheers *tsjiəz*
protestant *3.3* Protestant *prottəstənt*
provisorisch makeshift *meeksjift*
pruim *8.2* plum *plum*
puur pure *pjoeə*
pyjama pyjamas *pədzjahməz*

R

raam *4.12, 5.5, 8.1* window *windoo*
radiateur (auto) *4.4* radiator *reedieetə*
radiator (cv) radiator *reedieetə*
radio *5.5* radio *reedioo*
rat rat *ret*

rauw *8.2* raw *roh*
rauwkost raw vegetables *roh vedzjtəblz*
recept *9.4* recipe *ressippie*
receptie (ontvangstbalie) reception desk *risepsjn desk*
recht (jur.) law *loh*
rechtdoor *4.1, 4.12* straight ahead *street əhed*
rechthoek rectangle *rekteng-ĝl*
rechts *4.1, 4.5* on the right *on Də rajt*
rechtsaf *4.1, 4.12* right *rajt*
rechtstreeks *4.11* directly *dajreklie*
reçu receipt *rissiet*
reddingsvest life jacket *lajf dzjekkit*
reflector *4.8* reflector *riflektə*
reformwinkel health food shop *helS foed sjop*
regelen arrange *əreendzj*
regen *2.6* rain *reen*
regenen *2.6* rain *reen*
regenjas raincoat *reenkoot*
reis *1.3, 3.3, 3.5, 3.12, 4.11, 4.12* trip *trip*
reisbureau *7* travel agent *trevleedzjnt*
reischeque traveller's cheque *trevləz tsjek*
reisgezelschap tour group *toeə ĝroep*
reisgids travel guide *trevl ĝajd*
reisleider tour guide *toh ĝajd*
reisverzekering travel insurance *trevl insjoerəns*
reizen *4.12, 9.3* travel *trevl*
reiziger traveller *trevlə*
rekening *4.7, 8.3, 8.4* bill *bil*
relatie *3.12* relation *rileesjən*
rem brake *breek*
remblokje *4.8* break pad *breek ped*
remkabel *4.8* brake cable *breek keebl*
remlichten brake lights *breek lajts*
remschijf *4.4* brake disc *breek disk*
remvloeistof brake fluid *breek floewid*
reparatie *2.5* repairs *ripeəz*
repareren *2.5, 4.7, 4.8, 7.3, 9.5* repair *ripeə*
reserve spare *speə*
reserveband spare tyre *speə tajə*
reserveonderdelen spare parts *speə pahts*
reserveren *1.3, 4.11, 4.12, 5.2, 8.1, 8.6* book *boek*
reservering *4.11, 4.12* booking *boeking*
reservewiel *4.4* spare wheel *speə wiel*
restaurant *4.12* restaurant *restrahn*
restauratiewagen dining/buffet car *dajning/boefee kah*
retour (kaartje) *4.11, 4.12* return (ticket) *rituhn*

reumatiek rheumatism *roematizm*
richting *4.1, 4.12* direction *dajreksjn*
richtingaanwijzer *4.4* indicator *indikeetə*
riem (kleding) *4.2* belt *belt*
rietje *8.2* straw *stroh*
rij *1.3* row *roo*
rij (verkeer, mensen) *1.3* queue *kjoe*
rijbewijs *1.5, 4.9* driving licence *drajving lajsns*
rijden (in auto) *2.7, 3.9, 4.4, 4.7, 4.9, 4.12* drive *drajv*
rijden (op fiets, paard) *2.7, 3.9, 4.4, 4.7, 4.9, 4.12* ride *rajd*
rijp ripe *rajp*
rijst *8.2* rice *rajs*
rijstrook lane *leen*
risico *3.11, 4.9* risk *risk*
rits *5.3* zip *zip*
rivier *4.1, 6.3* river *rivə*
roeiboot *6.3* rowing boat *roowing boot*
rok skirt *skuht*
roken *1.3, 4.12, 8.1* smoke *smook*
rolstoel wheelchair *wieltsjeə*
rommelmarkt jumble sale *dzjumbl seel*
rondleiding guided tour *ĝajdid toh*
rondreis *3.3* roundtrip *raundtrip*
rondrit tour *toeə*
rondvaartboot canal boat *kənel boot*
rood *8.2, 10.3* red *red*
rook *3.8* smoke *smook*
room *8.2* cream *kriem*
roomservice *5.4* room service *roem suhvis*
rosé rosé *roozee*
rotonde roundabout *raundəbaut*
rots rock *rok*
route *6.5* route *roet*
rubber rubber *rubbə*
rubberboot inflatable boat *infleetəbl boot*
rug *9.2* back *bek*
rugzak *4.10, 5.3* backpack *bekpek*
ruilen exchange *ikstsjeendzj*
ruïne ruin *roewin*
ruit *4.4* window *windoo*
ruitenwisser *4.4* windscreen wiper *winskrien wajpə*
rundvlees *8.2* beef *bief*
rustig *5.3* quiet *kwajət*

s.v.p. please *pliez*
saai boring *bohring*
safari safari *səfahrie*
salade *8.2* salad *selləd*
samen *3.3* together *təĝeDə*
samenwonen live together *liv təĝeDə*
sanitaire voorzieningen sanitation *seniteesjn*
sap *8.2* juice *dzjoes*
sardines sardines *sahdienz*
sauna *6.6* sauna *sohnə*
saus *8.2* sauce *sohs*
schaar scissors *sizzəz*
schaatsen ice skate *ajsskeet*
schaduw *5.3* shade *sjeed*
schakelaar switch *switsj*
schaken play chess *plee tsjes*
scheerapparaat shaver *sjeevə*
scheerlijn *5.3* guy rope *ĝaj roop*
scheermesje razor blade *reezə bleed*
scheerzeep shaving soap *sjeeving soop*
scheren, zich shave *sjeev*
scherp sharp *sjahp*
schil *8.2* peel *piel*
schilderij painting *peenting*
schilderkunst painting *peenting*
schoen shoe *sjoe*
schoenenwinkel *7* shoe shop *sjoe sjop*
schoenmaker shoemaker *sjoemeekə*
schoensmeer *7.3* shoe polish *sjoe pollisj*
schokbreker *4.4* shock absorber *sjok əbzohbə*
school *3.3* school *skoel*
schoon *5.5, 8.3* clean *klien*
schoonheidssalon *6.6, 7* beauty parlour *bjoetie pahlə*
schoonmaken *4.6* clean *klien*
schorpioen scorpion *skohpiən*
schouder *9.2* shoulder *sjooldə*
schouwburg theatre *Siəətə*
schriftelijk *5.2* written *ritn*
schrijven *3.12* write *rajt*
schroef screw *skroe*
schroevendraaier screwdriver *skroedrajvə*
schuld (fout) fault *fohlt*
schuld (geld) debt *det*
scooter scooter *skoetə*

seconde second *sekkənd*
seks sex *seks*
serveerster waitress *weetris*
servet serviette *suhvi-et*
shag rolling tobacco *rooling təbekkoo*
shampoo shampoo *sjempoe*
sherry sherry *sjerrie*
show *8.5* show *sjoo*
sieraden jewellery *dzjoewəlrie*
sigaar *3.8* cigar *siĝĝah*
sigaret *3.8* cigaret *siĝĝəret*
SIM-kaart SIM-card *simkahd*
SIM-lock SIM-lock *simlok*
sinaasappel *8.2* orange *orrindzj*
sinaasappelsap orange juice *orrindzj dzjoes*
sjaal scarf *skahf*
skaten skate *skeet*
skibril ski goggles *skie ĝoĝlz*
skibroek ski pants *skie pents*
skiën ski *skie*
skileraar ski instructor *skie instruktə*
skiles, -klas ski lessons, skiclass *skie lesnz, skie klahs*
skilift *6.4* ski lift *skie lift*
skipak *3.7* ski suit *skie soet*
skipas ski pass *skie pahs*
skipiste ski slope *skie sloop*
ski's *6.4* skis *skiez*
skischoenen *6.4* ski boots *skie boets*
skistok ski stick *skie stik*
sla *8.2* lettuce, salad *letəs, selləd*
slaapkamer bedroom *bedroem*
slaapmat sleeping mat *slieping met*
slaappil sleeping pill *slieping pil*
slaapplaats sleeping place *slieping plees*
slaapwagen *4.12* sleeping car *slieping kah*
slaapzak *5.3* sleeping bag *slieping beĝ*
slagader artery *ahtərie*
slagerij *7* butcher's *boetsjəz*
slagroom (geklopt) *8.2* whipped cream *wipt kriem*
slang (dier) *9.2* snake *sneek*
slank slim *slim*
slaolie salad oil *selləd ojl*
slapen *5.5, 10.4* sleep *sliep*
slecht *2.6, 3.6, 4.5, 6.1* bad *bed*
slee toboggan *təboĝĝən*
sleepdienst towing service *tooing suhvis*

sleepkabel *4.7* tow cable *too keebl*
slepen (auto –) *4.7* tow *too*
sleutel(tje) *5.4* key *kie*
sleutelbeen *9.2* collarbone *kolləboon*
slijterij *7* off-licence *of lajsəns*
slipje ladies' underpants *leediezundəpents*
slippers slippers *slippəz*
slof (sigaretten) *4.2* carton *kahtn*
slokdarm *9.3* gullet *ĝullit*
slot *4.8, 5.5, 10.4* lock *lok*
sluiter shutter *sjuttə*
smerig dirty *duhtie*
sms *3.12* text message *tekst messidzj*
sms'en *3.12* send a text message, text *send ə tekst messidzj, tekst*
sneeuw *2.6* snow *snoo*
sneeuwen *2.6* snow *snoo*
sneeuwkettingen snow chains *snoo tsjeenz*
sneeuwschoenen snow boots *snoo boets*
snel *3.11, 8.2, 9.1, 10.1* fast *fahst*
snelheidsbeperking *4.5* speed limit *spied limit*
sneltrein express *ikspres*
snelweg *4.5* motorway *mootəwee*
snijden *7.2* cut *kut*
snoep(goed) sweets *swiets*
snoepje sweet *swiet*
snorkel snorkel *snohkl*
snorkelen *6.3* snorkel *snohkl*
snowboarden snowboarding *snoobohding*
soa *3.11, 9.2, 9.3* S.T.D. *es tie die*
soep *8.2* soup *soep*
sokken socks *soks*
soms *3.3* sometimes *sumtajmz*
soort *1.3, 8.2* sort *soht*
sorbet sorbet *sohbit*
sorry *2.3, 3.1, 3.2* sorry *sorrie*
souvenir souvenir *soevəniə*
spaak *4.8* spoke *spook*
spatbord *4.8* mudguard *mudĝahd*
specialist *9.3* specialist *spesjəlist*
specialiteit specialty *spesjltie*
speelgoed toys *tojz*
speelkaarten playing cards *pleejing kahdz*
speeltuin playground *pleeĝraund*
speen (fop-) dummy *dummie*
speen (op fles) nipple *nipl*
spek *8.2* bacon *beekən*

speld pin *pin*
spelen *8.5* play *plee*
spellen *3.4* spell *spel*
spelletje game *ĝeem*
spiegel mirror *mirrə*
spier *9.2, 9.3* muscle *musl*
spijker nail *neel*
spijkerbroek jeans *dzjienz*
spitsuur peak hour *piek auwə*
splinter splinter *splintə*
spoed urgently *uhdzjəntlie*
spoor (perron) *4.12* platform *pletfohm*
spoorboekje train timetable *treen tajmteebl*
spoorwegen railways *reelweez*
spoorwegovergang *4.1* level crossing *levl krossing*
sport *3.5* sport *spoht*
sporten play sport *plee spoht*
sporthal sports centre *spohts sentə*
sportschoenen runners *runnəz*
sportschool *6.6* sports school *spohts skoel*
spreekuur (dokter) *9.1* surgery *suhdzjərie*
spreken *2.3, 6.5, 9.1, 10.6* speak *spiek*
spullen *4.2* things *Singz*
squashen play squash *plee skwosj*
stad (groot) *2.3, 3.3, 3.9, 4.7, 4.11, 4.12* city *sittie*
stad (klein/middelgroot) *2.3, 3.3, 3.9, 4.7, 4.11, 4.12* town *taun*
stadhuis town hall *taun hohl*
stadion stadium *steediəm*
stadswandeling *6.1* scenic walk *sienik wohk*
staking strike *strajk*
standbeeld statue *stetjoe*
stank stench *stentsj*
starten start *staht*
startkabels *4.7* jump leads *dzjump liedz*
station *4.11, 4.12* station *steesjn*
stedentrip city trip *sitti trip*
steeksleutel spanner (openended –) *spennə (oopənendid –)*
steil (haar) *10.3* straight *street*
steken (insect) sting *sting*
stekker plug *pluĝ*
stelen steal *stiel*
sterkedrank alcoholic drinks *elkohollik drinks*
stilte silence *sajləns*
stinken smell *smel*
stoel *4.12, 8.1* chair *tsjeə*
stoeltjeslift chair lift *tsjeə lift*

S

stokbrood French bread *frentsj bred*
stomen (reinigen) dry-clean *draj klien*
stomerij *7* dry cleaner's *draj klienəz*
stopcontact *8.1* socket *sokkit*
stoppen (beëindigen, halt houden) *4.10, 4.12* stop *stop*
stoptrein *4.12* slow train *sloo treen*
storen *1.3* disturb *distuhb*
storing disturbance *distuhbəns*
storm *2.6* storm *stohm*
straat *1.5, 2.7, 4.1* street *striet*
straatkant *5.4* street side *striet sajd*
straks *3.9, 7.1* later *leetə*
strand *3.9, 6.3* beach *bietsj*
strandstoel deck chair *dek tsjeə*
strandtent beach tent *bietsj tent*
streek (regio) *2.3, 8.2* region *riedzjən*
strijkbout iron *ajən*
strijken *7.3* iron *ajən*
strijkplank ironing board *ajəning bohd*
stroming current *kurrənt*
stroom (elektr.) current *kurrənt*
stroomversnelling rapids *reppidz*
stroop *8.2* treacle/syrup *triekl/sirrəp*
stropdas tie *taj*
student student *stjoedənt*
studeren study *studdie*
stuk (kapot) *4.3, 7.4, 9.5* broken *brookən*
stuur (auto) *3.12, 4.8, 4.9, 9.3* steering wheel *stiəring wiel*
stuur (fiets) *3.12, 4.8, 4.9, 9.3* handlebars *hendlbahz*
stuurhuis *4.4* steering column *stiəring kolləm*
suiker *8.2* sugar *sjoeĝə*
suikerpatiënt *9.3* diabetic *dajəbettik*
super (benzine) 4 star *foh stah*
supermarkt *7, 7.1* supermarket *soepəmahkit*
surfen (op internet) *6.3* surf *suhf*
surfen (sport) *6.3* surf *suhf*
surfpak wetsuit *wetsoet*
surfplank *6.3* surf board *suhf bohd*
synagoge synagogue *sinnəĝoĝ*

T

taai tough *tuf*
taal language *leng-ĝwidzj*
taalcursus *3.3* language course *leng-ĝwidzj kohs*
taart *8.2* cake *keek*

tabak tobacco *təbekkoo*

tablet tablet *teblit*

tafel *3.3, 5.3, 8.1* table *teebl*

tafeltennissen play table tennis *plee teebl tennis*

talkpoeder talcum powder *telkəm paudə*

tampons tampons *temponz*

tand *9.5* tooth *toeS*

tandarts *1.3, 9.5* dentist *dentist*

tandenborstel toothbrush *toeSbrusj*

tandenstoker toothpick *toeSpik*

tandpasta toothpaste *toeSpeest*

tandwiel *4.8* chain wheel *tsjeen wiel*

tankstation petrol station *petrəl steesjn*

tas (groot) *4.2, 4.3, 10.3* bag *beĝ*

tas (klein) *4.2, 4.3, 10.3* purse *puhs*

tasje (plastic) *7.1* plastic bag *plestik beĝ*

taxfreewinkel tax free shop *teks frie sjop*

taxi *4.12, 5.2* taxi *teksie*

taxistandplaats *4.12* taxi stand *teksie stend*

teen *9.2* toe *too*

tegen *2.1, 4.1, 6.5, 8.5, 9.3* against *əĝenst*

tegenligger *10.6* oncoming car *onkumming kah*

tegenover *4.1* opposite *oppəzit*

tekenen (signeren) *2.1, 10.6* sign *sajn*

tekenpincet tick tweezers *tik twiezəz*

telefoneren call *kohl*

telefonisch *5.2* over the phone *oovə Də foon*

telefoon *2.3, 10.1* phone, telephone *foon, tellәfoon*

telefooncel *2.3* phone box *foon boks*

telefoongids *2.3* phone directory *foon dajrektrie*

telefoonkaart *2.3* phone card *foon kahd*

telefoonnummer *1.5, 3.12, 10.1* phone number *foon numbə*

telelens telephoto lens *tellifootoo lenz*

televisie television *tellivizjn*

temperatuur *6.3, 7.3, 7.4* temperature *tempratsjə*

tennisbaan tennis court *tennis koht*

tennisbal tennis ball *tennis bohl*

tennisracket tennis racket *tennis rekkit*

tennissen *6.2* play tennis *plee tennis*

tent *5.3, 5.5* tent *tent*

tentoonstelling exhibition *eksibisjn*

tentstok *5.3* tent pole *tent pool*

tentzeil canvas *kenvəz*

tepel *9.2* nipple *nipl*

terras terrace *terrəs*

terrorismedreiging terrorist threat *terrorist Sret*

teruggaan go back *ĝoo bek*
terugkomen *9.3* come back *kum bek*
terugreis *4.12* return trip *rituhn trip*
tetanus *9.3* tetanus *tetənəs*
tevreden *3.6* satisfied *settisfajd*
theater *3.5, 8.5* theatre *Siətə*
thee *8.2* tea *tie*
theelepel teaspoon *tiespoen*
theepot teapot *tiepot*
thermaal bad thermal bath *Suhml bahS*
thermometer thermometer *Səmommitə*
thermosfles *5.3* thermos flask *Suhməs flahsk*
thuis *3.10, 9.4* at home *et hoom*
ticket *4.12* ticket *tikkit*
tijd *1.3, 1.4, 3.2, 3.9, 3.10, 6.1* time *tajm*
tijdens during *djoering*
tijdschrift magazine *meĝĝəzien*
toast (geroosterd brood) toast *toost*
tocht (kou) *6.1* draft *drahft*
tocht (uitstapje) *6.1* trip *trip*
toegang *1.3, 2.4* admission *edmisjn*
toegangsbewijs admission ticket *edmisjn tikit*
toegangsprijs *6.1* admission price *edmisjn prajs*
toerisme tourism *toerizm*
toerist tourist *toerist*
toeristenbelasting tourist tax *toerist teks*
toeristenkaart tourist card *toerist kahd*
toeristenklasse *4.12* tourist class *toerist klahs*
toeslag *4.9, 4.11, 4.12* surcharge *suhtsjahdzj*
toilet *1.3, 5.4, 8.1, 8.3* toilet *tojlit*
toiletartikelen toiletries *tojlitriez*
toiletpapier *5.5, 8.3* toilet paper *tojlit peepə*
toilettas toilet bag *tojlit beĝ*
tol toll *tool*
tolk *10.6* interpreter *intuhpritə*
tolweg toll road *tool rood*
tomaat *8.2* tomato *təmahtoo*
tomatensaus *8.2* tomato sauce *tomahtoo sohs*
toneel theatre *Siətə*
toneelstuk play *plee*
tong (lichaamsdeel) *8.2, 9.2* tongue *tung*
tong (vis) *8.2, 9.2* sole *sool*
tonijn *8.2* tuna *tjoenə*
topless topless *topləs*
toren tower *tauwə*
totaal *1.4* total *tootl*

touroperator tour operator *toeə opəreetə*
touw rope *roop*
tram tramcar *tremkah*
trap stairs *steəz*
trapas *4.8* crank axle *krenk eksl*
trein *4.11, 4.12, 10.2* train *treen*
treinkaartje train ticket *treen tikkit*
trekken (kies) *1.3, 9.5* pull *poel*
trektocht *6.1* hiking trip *hajking trip*
trottoir pavement *peevmənt*
trouwen get married *ĝet merried*
trui jumper *dzjumpə*
tube tube *tjoeb*
tuin garden *ĝahdn*
tunnel *4.1* tunnel *tunl*
tussenlanding stopover *stopoovə*
tweede second *sekkənd*
tweedehands second-hand *sekkənd hend*
tweeling twins *twinz*
tweepersoons *4.12* double *dubl*

U

u *1.3, 2.1, 2.3, 2.5, 2.6, 3.1* you *joe*
ui *8.2* onion *unjən*
uiterlijk (niet later dan) at the latest *et Də leetist*
uiterlijk (gezicht) outward appearance *autwəd əpiərəns*
uitgaan *3.5* go out *ĝoo aut*
uitgaansgelegenheid place of entertainment *plees ov entəteenmənt*
uitgaanskrant *8.5* entertainment guide *entəteenmənt ĝajd*
uitgang *1.3, 4.5* exit *eksit*
uitkleden *9.3* undress *undres*
uitlaatpijp *4.4* exhaust pipe *iĝzohst pajp*
uitleggen explain *ikspleen*
uitnodigen invite *invajt*
uitrusten rest *rest*
uitslag (huid) rash *resj*
uitslag (resultaat) result *rizult*
uitspreken pronounce *prənauns*
uitstapje trip *trip*
uitstappen *4.11, 4.12* get off *ĝet of*
uitstekend *3.2* excellent *eksələnt*
uitverkoop *1.3* sale *seel*
uitwendig *9.4* external *ikstuhnl*
uitzicht *5.4, 6.1* view *vjoe*
universiteit university *joenivuhsətie*

uploaden upload *uplood*
urine *9.3* urine *joerin*
urineleider *9.3* ureter *joerietə*
USB-kabel USB-cable *joe es biee keebl*
USB-stick *2.5* USB-stick *joe es bee stik*
uur *1.4, 2.4, 3.10, 4.7, 4.12, 5.2* hour *auwə*

V

vaas vase *vahz*
vaatwasser dishwasher *disjwosjə*
vaccinatie inoculation *inokjoeleesjn*
vader *3.3* father *fahDə*
vagina vagina *vədzjajnə*
vaginale infectie *9.3* vaginal infection *vədzjajnl infeksjn*
vakantie *3.3, 3.12, 4.2* holiday *hollidee*
vallei valley *vellie*
vallen fall *fohl*
vanavond (na 21 uur) *1.4, 3.9, 8.5, 8.6* tonight *tənajt*
vanavond (tot 21 uur) *1.4, 3.9, 8.5, 8.6* this evening *Disievning*
vandaag *1.4, 2.6, 3.9, 4.8, 9.5* today *tədee*
vanille vanilla *vənillə*
vanmiddag *1.4, 3.9* this afternoon *Dis ahftənoen*
vanmorgen *1.4* this morning *Dis mohning*
vannacht (afgelopen nacht) *1.4, 3.11, 4.8* last night *lahst najt*
vannacht (komende nacht) *1.4, 3.11, 4.8* tonight *tənajt*
varkensvlees *8.2* pork *pohk*
vaseline vaseline *vessəlien*
vasten fast *fahst*
veel *3.11, 3.12, 5.3, 5.5, 7.1, 7.4* much, many *mutsj, mennie*
veerboot ferry *ferrie*
veganist *8.2* veganist *vieĝənist*
vegetariër *8.2* vegetarian *vedzjiteəriən*
vegetarisch vegetarian *vedzjiteəriən*
veilig *2.7, 4.8, 5.4, 6.3* safe *seef*
veiligheidsgordel *4.4* seat belt *siet belt*
veiligheidsspeld safety pin *seeftie pin*
veldfles *5.3* canteen *kentien*
velg *4.8* rim *rim*
ventiel *4.8* valve *velv*
ventilator *4.4* ventilator *ventileetə*
ver weg *4.1* far away *fah əwee*
verantwoordelijk responsible *risponsibl*
verband bandage *bendidzj*
verbinding (telefoon, vervoer) connection *kəneksjn*
verblijf stay *stee*

verboden *1.3, 4.5, 6.3* forbidden *fəbidn*
verdelerkabel *4.4* distributor cable *distribjoetə keebl*
verdieping *1.3, 5.4* floor *floh*
verdoven *9.5* anaesthetize *əniesSətajz*
verdrietig sad *sed*
verdwaald *10.3* lost *lost*
verdwalen be lost *bie lost*
vereist *8.5* required *rikwajəd*
verf paint *peent*
vergeten *9.4, 10.4* forget *fəĝet*
vergissen, zich be mistaken *bie misteekən*
vergissing *8.3* mistake *misteek*
verguld gilt *ĝilt*
vergunning *6.2, 6.3* permit *puhmit*
verhuren rent out *rent aut*
verjaardag *3.1* birthday *buSdee*
verkeer *4.5* traffic *treffik*
verkeerd *2.3, 4.1* wrong *rong*
verkeersbord *4.1* traffic sign *treffik sajn*
verkeerslicht *4.1* traffic light *treffik lajt*
verkoopster shop assistant *sjop əsistənt*
verkoudheid cold *koold*
verkrachting *10.6* rape *reep*
verlengen extend *ekstend*
verlengsnoer extension cord *ekstensjn kohd*
verliefd zijn op be in love with *bie in luv wiD*
verlies loss *los*
verliezen *5.3* lose *loez*
verpleegster nurse *nuhs*
verplicht *4.5, 8.5* compulsory *kəmpulsrie*
verrassing surprise *səprajz*
verrekijker binoculars *binokjoeləz*
vers *8.3* fresh *fresj*
verschonen (baby) change the baby's nappy *tsjeendzj Də beebiez neppie*
versieren (iem.) chat up *tsjet up*
versleten worn *wohn*
versnelling *4.9* gear *ĝiə*
versnellingshendel *4.4* gear lever *ĝiə lievə*
verstaan *2.3* hear *hiə*
versturen *2.2* send *send*
vertalen translate *trahnzleet*
vertraging *4.12* delay *dilee*
vertrek *4.12, 5.6* departure *dipahtsjə*
vertrekken *1.4, 3.3, 5.6* leave *liev*
vertrektijd departure time *dipahtsjə tajm*
vervelen, zich be bored *bie bohd*

verversen (olie) *4.6* change *tsjeendzj*
vervoer *4.12, 6.1* transport *trenspoht*
verwachting (in) pregnant *preĝnənt*
verwarming *5.5* heater *hietə*
verwisselen *4.7* change *tsjeendzj*
verzekering *4.7, 4.9, 9.3, 10.2, 10.6* insurance *insjoerəns*
verzwikken sprain *spreen*
vest cardigan *kahdiĝən*
vet (zn) *8.2* grease *ĝries*
veter lace *lees*
via *2.3, 3.12, 4.1, 4.12* via *vajə*
viaduct *4.1* fly-over *flajoovə*
videocamera video camera *viddioo kemmərə*
vierkant square *skweə*
vierkante meter square metres *skweə mietəz*
vies dirty *duhtie*
vijver pond *pond*
vinden *3.4, 4.3, 10.1* find *fajnd*
vinger *9.2* finger *fingĝə*
virus virus *vajrəs*
vis *8.2* fish *fisj*
visite visit *vizzit*
vissen *3.5, 6.3* fish *fisj*
visum *4.2* visa *viezə*
vitamine vitamins *vittəminz*
vitaminetabletten vitamin tablets *vittəmin teblits*
Vlaams, Vlaamse Flemish *flemmisj*
Vlaanderen *3.3, 3.12* Flanders *flahndəz*
vlag *6.3* flag *fleĝ*
Vlaming *3.4* Fleming *flemming*
vlees *1.3, 8.2, 8.3* meat *miet*
vleeswaren cold cuts *koold kuts*
vlek stain *steen*
vlekkenmiddel stain remover *steen rimoevə*
vlieg fly *flaj*
vliegen (vliegtuig) fly *flaj*
vliegticket plane ticket *pleen tikkit*
vliegtuig *4.12* aircraft *eəkrahft*
vliegveld *4.12* airport *eəpoht*
vloed *6.3* high tide *haj tajd*
vloei cigarette paper *siĝĝəret peepə*
vlooienmarkt flea market *flie mahkit*
vlucht (reis) *4.12* flight *flajt*
vluchtnummer flight number *flajt numbə*
vlug quick *kwik*
voedsel food *foed*

V

voedselvergiftiging *9.3* food poisoning *foed pojzning*
voelen feel *fiel*
voet *9.2* foot *foet*
voetbal (bal) *3.5* football *foetbohl*
voetballen play football *plee foetbohl*
voetbalwedstrijd *8.5* football match *foetbohl metsj*
voetganger pedestrian *pidestriejən*
vogels kijken birdwatching *buhdwotsjing*
voicemail *2.3* voicemail *vojsmeel*
vol *1.3, 4.6* full *foel*
volgeboekt booked up *boekt up*
volgen *4.1, 6.6* follow *folloo*
volgende *1.4, 2.3, 4.6, 4.11, 4.12, 8.2* next *nekst*
volleyballen play volleyball *plee vollibohl*
volpension full board *foel bohd*
voor *1.3, 1.4, 2.2, 2.3, 2.5, 2.6* for *foh*
vooraan *4.1, 8.6* at the front *et Də frunt*
voorbehoedmiddel contraceptive *kontrəseptiv*
voorgerecht *8.2* starters *stahtəz*
voorhoofd *9.2* forehead *fohhed*
voorin *4.12* at the front *et Də frunt*
voorkeur preference *prefrəns*
voorrang *4.5* right of way *rajt əv wee*
voorrangsweg *4.5* major road *meedzjə rood*
voorstellen, zich (aan) introduce oneself *intrədjoes wunself*
voorstellen, zich (iets) imagine *immedzjin*
voorstelling *8.5, 8.6* show *Sjoo*
voortent front extension *frunt ekstensjn*
voortreffelijk *3.7* delicious *dilisjəs*
voorvork *4.8* fork *fohk*
voorzichtig *3.11, 10.1* careful *keəfl*
vorig *1.4* last *lahst*
vork fork *fohk*
vorst (kou) *2.6* frost *frost*
vouwwagen folding caravan *foolding kerrəven*
vraag (verzoek) request *rikwest*
vrachtwagen lorry *lorrie*
vragen *1.3, 2.3, 3.2, 4.1* ask *ahsk*
vriend *3.3, 3.11, 4.10, 9.2* friend *frend*
vriend (partner) *3.3, 3.11, 4.10, 9.2* partner *pahtnə*
vriendelijk *3.1* friendly *frendlie*
vriendin *3.3, 3.11, 4.10* girlfriend *ĝuhlfrend*
vriendin (partner) *3.3, 3.11, 4.10* partner *pahtnə*
vriezen *2.6* freeze *friez*
vrij *4.9, 4.12, 5.3, 5.4, 7.4, 8.1* free *frie*
vrije tijd free time *frie tajm*

vrijen make love *meek luv*
vrijgezel *3.3* single *sing-ĝl*
vrijwilligerswerk *3.3* voluntary work *voləntrie wuhk*
vroeg *1.4* early *uhlie*
vrouw *2.7, 3.3, 4.10, 10.3* woman *woemən*
vrouwenarts gynaecologist *ĝajnikolləd zjist*
vruchtensap fruit juice *froet dzjoes*
vuil *5.5* dirty *duhtie*
vuilnis garbage *ĝahbidzj*
vuilnisbak dustbin *dustbin*
vuilniszak garbage bag *ĝahbidzj beĝ*
vulkaan volcano *volkeenoo*
vulling (gebit) *9.5* filling *filling*
vuur *1.3* fire *fajə*
vuurtoren lighthouse *lajthaus*
VVV-kantoor *6.1* Tourist Information Office *toerist infəmeesjnoffis*

W

waar? *1.3, 2.1, 2.2, 2.3, 2.4, 3.1* where? *weə?*
waarom? *1.3* why? *waj?*
waarschijnlijk *3.3, 4.7* probably *probəblie*
waarschuwen *4.7, 4.12* warn *wohn*
waarschuwing warning *wohning*
wachten *2.3, 4.7, 4.11, 4.12, 7.4, 8.1* wait *weet*
wachtkamer *9.3* waiting room *weeting roem*
wagenziek car-sick *kahsik*
wagon car *kah*
wakker awake *əweek*
wandelen *3.5* walk *wohk*
vandeling walk *wohk*
wandelroute scenic walk *sienik wohk*
vandelschoenen walking shoes *wohking sjoez*
vandelsport hiking *hajking*
vang *9.2* cheek *tsjiek*
vanneer? *1.3, 2.5, 3.10, 3.12, 4.7, 4.9* when? *wen?*
varenhuis *7, 7.1* department store *dipahtmənt stoh*
varm *2.6, 5.3, 5.5, 8.1, 8.2* warm *wohm*
varm (weer) *2.6, 5.3, 5.5, 8.1, 8.2* hot *hot*
armwaterbronnen thermal springs *Suhml springz*
as (wasgoed) *1.4, 3.1, 3.7, 3.11, 3.12, 6.6* washing *wosjing*
asknijper *5.3* clothes peg *klooDz peĝ*
aslijn *5.3* washing line *wosjing lajn*
asmachine washing machine *wosjing məsjien*
asmiddel washing-powder *wosjing paudə*
assen *4.6, 5.4, 7.3, 7.4* wash *wosj*

wasserette *7* launderette *lohndret*
wat? *1.3, 2.1, 2.3, 2.4, 2.6, 3.2* what? *wot?*
water *2.7, 5.3, 5.5, 6.3, 8.2, 9.4* water *wohtə*
waterdicht waterproof *wohtəproef*
waterfiets *6.3* pedal boat *peddəl boot*
watermeloen watermelon *wohtəmelən*
waterskiën water ski *wohtə skie*
waterval cascade *keskeed*
waterzuiveringstabletten water purification tablets *wohtə pjoerifikeesjn tebləts*
watten cotton wool *kotn woel*
WA-verzekering third-party insurance *Suhd pahtie insjoerəns*
wc *1.3, 5.5* toilet *tojlit*
wc-bril toilet seat *tojlit siet*
wc-papier toilet paper *tojlit peepə*
website *1.5* website *websajt*
wedstrijd match *metsj*
weduwe *1.5, 3.3* widow *widdoo*
weduwnaar *1.5, 3.3* widower *widdəwə*
week *1.4, 4.7, 4.9, 5.2, 6.1, 8.5* week *wiek*
weekabonnement weekly ticket *wieklie tikkit*
weekend *3.10* weekend *wiekend*
weekenddienst *9.1* weekend duty *wiekend djoetie*
weer (opnieuw) *2.3, 2.6, 3.10, 3.12, 4.2, 4.12* again, once more *əgen, wans moh*
weer (zn) *2.3, 2.6, 3.10, 3.12, 4.2, 4.12* weather *weDə*
weerbericht weather forecast *weDə fohkahst*
weg (kwijt) *4.1, 4.5, 4.10, 4.12* gone *ĝon*
weg (zn) *4.1, 4.5, 4.10, 4.12* road *rood*
wegenwacht *4.7* AA *ee ee*
wegrestaurant roadside restaurant *roodsajd restərənt*
wegwerkzaamheden roadworks *roodwuhks*
weinig *7.5, 8.2* little *litl*
wekken *5.4* wake up *week up*
wekker alarm clock *əlahm klok*
welk? *1.3, 2.2, 3.1, 3.2, 3.3, 3.12* which? *witsj?*
welkom *3.12* welcome *welkəm*
wellness center *6.6* wellness centre *welnəs sentə*
welterusten *3.12* good night *ĝoed najt*
wereldreis *3.3* world tour *wuhld toh*
wereldstekker travel adapter *trevl ədeptə*
werk *3.3, 4.5* work *wuhk*
werkdag working day *wuhking dee*
werken *3.3* work *wuhk*
werkloos *3.3* unemployed *unimplojd*
wesp *9.2* wasp *wosp*

westen *4.1* west *west*
weten *6.5, 8.2, 10.2* know *noo*
wie? *1.3, 2.3, 8.5, 10.6* who? *hoe?*
wiel *4.4, 4.7, 4.8* wheel *wiel*
wieldop *4.4* hubcap *hubkep*
wij *3.7, 5.4, 5.5, 5.6, 8.1, 8.2* we *wie*
wijn *8.2* wine *wajn*
wijnkaart *8.2* wine card *wajn kahd*
wijzen *1.3, 4.1, 7.1* point *pojnt*
wijzigen *4.11, 4.12* change *tsjeendzj*
wind *2.6* wind *wind*
windscherm *5.3* windbreak *windbreek*
winkel *7, 7.1* shop *sjop*
winkelcentrum *7* shopping centre *sjopping sentə*
winkelstraat *7.1* shopping street *shopping striet*
winter *1.4* winter *wintə*
wintersport winter sports *wintə spohts*
wisselen *2.1, 2.2, 4.4, 4.12* change *tsjeendzj*
wisselgeld (geld terug) *1.3, 7.5* change *tsjeendzj*
wisselkoers *2.1* exchange rate *ekstsjeendzj reet*
wit *8.2* white *wajt*
wol *7.3* wool *woel*
wond wound *woend*
wonen live *liv*
woord *3.4* word *wuhd*
woordenboek dictionary *diksjənrie*
worst sausage *sossidzj*
wortel (groente) carrot *kerrət*
wreef *9.2* instep *instep*

Y

oghurt yoghurt *joĝĝət*

Z

aal (in theater) *8.6* stalls *stohlz*
acht *2.6* soft *soft*
adel *4.8, 4.9* seat *siet*
akdoek handkerchief *hendkətsjif*
akenreis *3.3, 4.2* business trip *biznis trip*
aklantaarn *5.3* torch *tohtsj*
akmes *5.3* pocket knife *pokkit najf*
alf *9.4* ointment *ojntmənt*
and sand *send*
andstrand *6.3* sandy beach *sendie bietsj*

zebrapad pedestrian crossing *pədestriən krossing*
zee *5.4, 6.3* sea *sie*
zeep soap *soop*
zeeppoeder soap powder *soop paudə*
zeeziek zijn be seasick *bie siesik*
zeggen *2.3, 3.11, 4.1, 4.12* say *see*
zeil *6.3* sail *seel*
zeilboot *6.3* sailing boat *seeling boot*
zeilen sail *seel*
zelfbediening *7* self-service *self suhvis*
zelfde same *seem*
zelfontspanner self-timer *selftajmə*
ziek *9.2, 9.3* ill *il*
ziekenhuis *1.3, 4.5, 9.3* hospital *hospitl*
ziekte illness *ilnəs*
ziektekostenverzekering health insurance *helS insjoerəns*
zij (één persoon) *2.3, 3.3, 9.2, 10.3* she *sjie*
zij (meer personen) *2.3, 3.3, 9.2, 10.3* they *Dee*
zij (van lichaam) *2.3, 3.3, 9.2, 10.3* side *sajd*
zilver silver *silvə*
zin (woorden) *3.4, 3.9, 7.4, 8.5* sentence *sentəns*
zin hebben feel like *fiel lajk*
zitplaats *4.12* seat *siet*
zitten *2.7, 3.1, 3.2, 4.7, 4.12, 6.6* sit *sit*
zoek (kwijt) *2.1, 2.2, 2.3, 2.5, 5.1, 6.6* lost *lost*
zoeken *5.1, 10.3* look for *loek foh*
zoet *8.2, 8.3* sweet *swiet*
zoetjes (zn) sweeteners *swietnəz*
zomer *1.4* summer *summə*
zon *5.3* sun *sun*
zonnebaden sunbathe *sunbeeD*
zonnebrandcrème suntan lotion *sunten loosjn*
zonnebril sunglasses *sunglahsiz*
zonne-energie solar energy *sooləenədjie*
zonnehoed sun hat *sun het*
zonnescherm awning *ohning*
zonnesteek *9.3* sunstroke *sunstrook*
zonsondergang sunset *sunset*
zonsopgang sunrise *sunrajz*
zool sole *sool*
zoon *3.3, 10.3* son *sun*
zout (bn) *8.2, 8.3* salty *sohltie*
zout (zn) *8.2, 8.3* salt *sohlt*
zoutloos *8.2* salt-free *sohlt frie*
zuiden *4.1* south *sauS*
zuivel dairy *deərie*

zuiveren purify *pjoerifaj*
zuiveringszout bicarb *bajkahb*
zus sister *sistə*
zuur *8.2* sour *sauwə*
zwaar heavy *hevie*
zwak weak *wiek*
zwanger *9.3* pregnant *preĝnənt*
zwangerschap pregnancy *preĝnənsie*
zwart *8.2, 10.3* black *blek*
zweefvliegen glide *ĝlajd*
zweer sore *soh*
zweet sweat *swet*
zwembad *5.1, 5.4, 6.3* swimming pool *swimming poel*
zwembril swimming goggles *swimming ĝoĝĝəlz*
zwembroek swimming trunks *swimming trunks*
zwemmen *3.9, 6.3* swim *swim*
zwemvest life jacket *lajf dzjekit*
zwemvliezen flippers *flippəz*

Woordenlijst

Engels – Nederlands

In een aantal gevallen kunt u woorden die in deze lijst ontbreken elders in deze taalgids vinden, namelijk bij de illustraties van de auto, de fiets, de tent en het menselijk lichaam. Veel etenswaren kunt u vinden in de Engels-Nederlandse lijst in 8.2.
De volgende afkortingen zijn gebruikt: bn = bijvoeglijk naamwoord, ww = werkwoord, zn = zelfstandig naamwoord.

100 grams **ons (zn)**
2 star # **normaal (benzine)**
4 star **super (benzine)**

A

AA **wegenwacht**
abdomen **onderbuik**
about **ongeveer**
above **boven (hoger dan)**
abroad **buitenland**
accelerator **gaspedaal**
accident **ongeluk**
accommodation **accommodatie, onderdak**
adapter **adapter**
addition **optelling**
address **adres**
admission **entree, toegang**
admission price **toegangsprijs**
admission ticket **entreebewijs, toegangsbewijs**
advice **advies**
aerial **antenne**
afraid, be – **bang zijn**
after **na**
afternoon, in the – **'s middags**
afternoon, this – **vanmiddag**
aftershave **aftershave**
aftersun **aftersun**
again **opnieuw**
against **tegen**
age **leeftijd**
agree **afspreken (overeenkomen)**
AIDS **aids**
air conditioning **airconditioning**
air filter **luchtfilter**
air pollution **luchtvervuiling**
air sickness bag **kotszakje**
airbag **airbag**
airbed **luchtbed**
airbed plug **luchtbedstopje**
aircraft **vliegtuig**
airline company **luchtvaartmaatschappij**
airport **luchthaven, vliegveld**
airport tax **luchthavenbelasting**
alarm **alarm**
alarm clock **wekker**
alcohol **alcohol**
alcoholic drinks **sterkedrank**
allergic, be – **allergisch zijn**
all-in **all-in**
allowed, be – to **mogen (toestemming hebben)**
alone **alleen**
altitude sickness **hoogteziekte**
always **altijd**
ambulance **ambulance**
amount **bedrag**

amusement park **pretpark**
anaesthetize **verdoven**
and **en**
angry **boos, kwaad**
animal **dier**
ankle **enkel (lichaamsdeel)**
answer **antwoord**
answering machine **antwoordapparaat**
ant **mier**
antibiotics **antibiotica**
antifreeze **antivries**
antique **antiek (bn)**
antiques **antiek (zn)**
anus **anus**
apartment **appartement**
aperitif **aperitief**
apologies **excuses**
appendix **blindedarm**
apple **appel**
apple juice **appelsap**
apple pie **appeltaart**
appointment **afspraak**
appointment, make an **afspraak maken (bij arts)**
architecture **architectuur**
area **omgeving**
arm **arm**
armpit **oksel**
arrange **regelen**
arrive **aankomen**
arrow **pijl**
art **kunst**
artery **slagader**
article **artikel**
ashtray **asbak**
ask **vragen**
aspirin **aspirine**
assault **aanranding**
asthma **astma**
at(-sign) **apenstaartje**
attractive **aantrekkelijk**
automatic **automaat (auto), automatisch**
autumn **herfst**
avalanche **lawine**
average **gemiddelde**
awake **wakker**
awning **luifel, zonnescherm**
axle **as**

B

baby **baby**
baby food **babyvoeding**
babysitter **babysitter, oppas**
back **rug**
back, at the **achterin**
backpack **rugzak**
bacon **spek**
bad **erg, slecht**
bag **tas**
baker's **bakkerswinkel**
balcony **balkon**
ball **bal**
ballet **ballet**
banana **banaan**
bandage **verband**
bandaid **pleister**
bank **bank (geldinstelling), oever**
bank pass **bankpas**
banknote **bankbiljet**
bar **bar (café, meubel)**
barbecue **barbecue**
bath **bad**
bath attendant **badmeester**
bath towel **badhanddoek**
bath(tub) **badkuip**
bathing cap **badmuts**
bathing cubicle **badhokje**
bathing suit **badpak**
bathroom **badkamer**
battery **accu, batterij**
battery charger **acculader, batterijoplader**
battery, rechargeable **oplaadbare batterij**
beach **strand**
beach tent **strandtent**
beautiful **mooi, prachtig**
beauty parlour **schoonheidssalon**
beautycase **beautycase**

bed **bed**
bed-and-breakfast **bed-and-breakfast**
bedroom **slaapkamer**
bee **bij (dier)**
beef **rundvlees**
beer **bier**
begin **beginnen**
beginner **beginner**
behind **achter**
Belgian **Belg, Belgische (zn), Belgisch (bn)**
Belgium **België**
bell **bel**
belly **buik**
belt **riem**
bench **bank (in park)**
berth **couchette**
best before, be – **houdbaar zijn tot**
bicarb **zuiveringszout**
bicycle **fiets**
bicycle helmet **fietshelm**
bicycle lock **fietsslot**
bicycle pump **fietspomp**
bicycle repairman **fietsenmaker**
bikini **bikini**
bill **rekening**
bill, pay the – **afrekenen**
billiards, play – **biljarten**
binoculars **verrekijker**
biological **biologisch**
birdwatching **vogels kijken**
biro **balpen**
birthday **verjaardag**
birthday, have one's – **jarig zijn**
biscuits **koekjes**
bite **bijten**
bitter **bitter**
black **zwart**
bladder **blaas**
bland **flauw (eten)**
blanket **deken**
bleach **blonderen**
blister **blaar**
blond **blond**
blood **bloed**
blood pressure **bloeddruk**
bloody nose **bloedneus**
blouse **blouse**
blow dry **föhnen**
blue **blauw**
board, on – **aan boord**
boarding card **instapkaart**
boat **boot**
body **lichaam**
body milk **bodymilk**
boil **koken (water –)**
boiled **gekookt**
bomb alert **bommelding**
bonbon **bonbon**
bone **bot (been)**
bonnet **motorkap**
book **bespreken (kaartjes –), boek (zn)**
book online **online boeken**
booked **gereserveerd (besproken)**
booked up **volgeboekt**
booking **reservering**
bookshop **boekhandel**
boot **kofferbak, laars**
border **grens**
border crossing **grensovergang**
bored, be – **zich vervelen**
boring **saai**
born **geboren**
borrow **lenen (van)**
botanical gardens **botanische tuin**
both **allebei**
bottle **fles**
bottle opener **flesopener**
bottle-warmer **flessenwarmer**
box **doos, loge**
boy **jongen**
bra **beha**
bracelet **armband**
brake **rem**
brake cable **remkabel**
brake disc **remschijf**
brake fluid **remvloeistof**
brake lights **remlichten**
bread **brood**

break **breken**
break pad **remblokje**
breakfast **ontbijt**
breast **borst**
bridge **brug**
bring **brengen**
brochure **brochure**
broken **kapot**
bronchitis **bronchitis**
broth **bouillon**
brother **broer**
brown **bruin**
bruise **kneuzen**
brush **borstel**
bucket **emmer**
Buddhist **boeddhistisch**
buffet car **restauratiewagen**
bug **beestje**
bugs **ongedierte**
building **gebouw**
bumper **bumper**
bungee jumping **bungeejumpen**
buoy **boei**
burglary **inbraak**
burn **branden, brandwond**
burnt **aangebrand**
bus **bus (lijndienst)**
bus station **busstation**
bus stop **bushalte**
business trip **zakenreis**
busy **druk (bn)**
butane camping gas **campinggas (butaan)**
butane gas bottle **butagasfles**
butcher's **slagerij**
butter **boter**
buttock **bil**
button **knoop (aan jas), knop(je)**
buy **kopen**
by airmail **per luchtpost**

C

cabin **hut (op schip)**
cake **gebakje, taart**
cake shop **banketbakkerij**
calf **kuit (lichaamsdeel)**
call **opbellen, telefoneren**
call credit **beltegoed**
camel **kameel**
camera **camera, fototoestel**
camp **kamperen**
camp shop **kampwinkel**
camp site **camping, kampeerterrein**
camper **camper**
campfire **kampvuur**
camping guide **kampeergids**
camping permit **kampeervergunning**
canal boat **rondvaartboot**
cancel **annuleren**
candle **kaars**
canoe **kano, kanoën**
canteen **veldfles**
canvas **tentzeil**
capital **hoofdstad**
car **auto**
car deck **autodek**
car documents **autopapieren**
car door **portier (auto)**
car hire firm **autoverhuurbedrijf**
car key **autosleutel**
car seat **autozitje**
car trouble **pech (met auto)**
carafe **karaf**
caravan **caravan**
cardigan **vest**
careful **voorzichtig**
carnival **carnaval**
carrier (luggage ~) **bagagedrager**
carrot **wortel (groente)**
car-sick **wagenziek**
carton **slof (sigaretten)**
cascade **waterval**
cash **contant geld**
cash card, use one's ~ **pinnen (betalen)**
cash desk **kassa**
cash machine **geldautomaat**
casino **casino**
castle **kasteel**

cat **poes**
catalogue **catalogus**
cathedral **kathedraal**
cauliflower **bloemkool**
cave **grot**
CD **cd**
CD-ROM **cd-rom**
CD-RW **cd-rw**
celebrate **feestvieren**
cellotape **plakband**
cemetery **kerkhof**
centimetre **centimeter**
central heating **centrale verwarming**
centre **centrum, midden**
chain **ketting**
chain guard **kettingkast**
chain lock **kettingslot**
chain wheel **tandwiel**
chair **stoel**
chair lift **stoeltjeslift**
chambermaid **kamermeisje**
champagne **champagne**
change **overstappen, wisselen, wisselgeld**
change the baby's nappy **baby verschonen**
change the oil **olie verversen**
chapel **kapel**
charger **oplader**
charter flight **chartervlucht**
chat up **versieren (iem.)**
check **controleren**
check in **inchecken**
cheek **wang**
cheers **proost**
cheese (mature –, mild –) **kaas (oude –, jonge –)**
chef **chef**
chemical toilet solution **chemisch toiletvloeistof**
chemist's **drogisterij**
cheque **cheque**
chess, play – **schaken**
chest **borstkas**
chest of drawers **kast**
chewing gum **kauwgum**
chicken **kip**
child **kind**
child's seat **fietszitje**
chilled **gekoeld**
chin **kin**
chips **patates frites**
chocolate **chocolade**
chocolate milk **chocolademelk**
choose **kiezen**
christian name **voornaam**
Christmas **Kerstmis**
church **kerk**
church service **kerkdienst**
cigar **sigaar**
cigaret **sigaret**
cigarette paper **vloei**
cine camera **filmcamera**
cinema **bioscoop**
circle **cirkel**
circus **circus**
city **stad (groot)**
city map **stadsplattegrond**
city trip **stedentrip**
classical concert **klassiek concert**
clean **schoon, schoonmaken**
clear **duidelijk**
clearance **opruiming**
climate **klimaat**
climb **klimmen**
climbing gear **klimuitrusting**
closed **dicht**
closed off **afgesloten (rijweg)**
clothes **kleren**
clothes hanger **kleerhanger**
clothes peg **wasknijper**
clothing **kleding**
coach **bus (touringcar)**
coat **jas**
cockroach **kakkerlak**
cocoa **chocolademelk**
cod **kabeljauw**
coffee **koffie**
coffee machine **koffiezetapparaat**
cognac **cognac**
coins **muntgeld**

coke **cola**
cold **koud, verkoudheid**
cold cuts **vleeswaren**
collarbone **sleutelbeen**
colleague **collega**
collision **aanrijding, botsing**
cologne **eau de toilette**
colon **dikke darm**
colour **kleur**
colour pencils **kleurpotloden**
colouring book **kleurboek**
comb **kam**
come **komen**
come back **terugkomen**
compartment **coupé**
compass **kompas**
complaint **klacht**
completely **helemaal**
compliment **compliment**
compulsory **verplicht**
computer **computer**
computer file **computerbestand**
concert **concert**
concert hall **concertgebouw**
concussion **hersenschudding**
condensed milk **koffiemelk**
condom **condoom**
confirm **bevestigen**
congratulate **feliciteren**
connection **verbinding**
constipation **constipatie**
consulate **consulaat**
consultation **consult**
contact lens **contactlens**
contact lens cleaning solution **contactlensvloeistof**
contagious **besmettelijk**
contraception **anticonceptie**
contraceptive **voorbehoedmiddel**
contraceptive pill **anticonceptiepil**
contract **contract**
conversation **gesprek**
cook **kok, koken (eten –)**
cool box **koelbox**
copy **kopie**
corkscrew **kurkentrekker**
corner **hoek**
coronary artery **kransslagader**
correct **correct**
correspond **corresponderen**
corridor **gang**
cosmetics **cosmetica**
costume **kostuum**
cot **kinderbedje**
cotton **katoen**
cotton wool **watten**
cough **hoest**
cough mixture **hoestdrank**
counter **balie**
country **land, platteland**
country code **landnummer**
course **kuur (medicijnen)**
cousin **neef (zoon van oom/tante), nicht (dochter van oom/tante)**
crank **crank**
crank axle **trapas**
cream **crème, room**
credit card **creditcard**
crisps **chips**
crocodile **krokodil**
croissant **croissant**
cross the road **oversteken**
cross-country run **langlaufloipe**
cross-country skiing **langlaufen**
crossing **kruispunt, overtocht**
cruise **cruise**
cry **huilen**
cubic metre **kubieke meter**
cucumber **komkommer**
cuddly toy **knuffelbeest**
cup **kopje**
cupboard **kast**
curly **krullend**
current **stroming, elektriciteit**
customary **gebruikelijk**
customs **douane**
cut **knippen, snijden**
cutlery **bestek**
cycling **fietsen**

dairy **zuivel**
damaged **beschadigd**
dance **dansen**
danger **gevaar**
dangerous **gevaarlijk**
dark **donker**
date **afspraakje**
date, make a – **afspreken (ontmoeten)**
daughter **dochter**
day **dag (zn), etmaal**
day, during the – **overdag**
day after tomorrow, the – **overmorgen**
day before yesterday, the – **eergisteren**
dead **dood**
deaf **doof**
debt **schuld (geld)**
decaffeinated **cafeïnevrij**
deck chair **strandstoel**
declare **aangeven (bij douane)**
deep **diep**
deep sea diving **diepzeeduiken**
deepfreeze **diepvries**
degrees **graden**
delay **oponthoud, vertraging**
delicatessen **delicatessenwinkel**
delicious **heerlijk (erg lekker), voortreffelijk**
delightful **heerlijk (erg leuk)**
dentist **tandarts**
dentures **kunstgebit**
deodorant **deodorant**
department **afdeling**
department store **warenhuis**
departure **vertrek**
departure time **vertrektijd**
deposit **in bewaring geven, borgsom**
derailleur **derailleur**
desinfectant **desinfecteringsmiddel**
dessert **dessert, nagerecht**
destination **bestemming, eindpunt**
develop **ontwikkelen**
deviation **omleiding**
diabetic **diabeet, suikerpatiënt**
dial **draaien (nummer)**
dialling tone **kiestoon**
diamond **diamant**
diarrhoea **diarree**
dictionary **woordenboek**
diesel **diesel**
diet **dieet**
difficulty **moeilijkheid**
digital camera **digitale camera**
dining room **eetzaal**
dinner **avondeten, diner**
dinner, have – **dineren**
direct **rechtstreeks**
direction **richting**
directly **rechtstreeks**
dirty **smerig, vies**
disabled **invalide**
disco **disco**
discount **korting**
dish **gerecht**
dish of the day **dagschotel**
dishwasher **vaatwasser**
disinfectant **ontsmettingsmiddel**
distance **afstand**
distilled water **gedistilleerd water**
distributor cable **verdelerkabel**
disturb **storen**
disturbance **storing**
dive **duiken**
diving **duiksport**
diving board **duikplank**
diving gear **duikuitrusting**
diving goggles **duikbril**
divorced **gescheiden**
DIY-shop **doe-het-zelfzaak**
dizzy **duizelig**
do **doen**
doctor **arts (huis-), dokter**
dog **hond**
doll **pop**
domestic **binnenlands (vlucht)**

done **gaar**
door **deur**
double **tweepersoons**
down **naar beneden**
draft **tocht (kou)**
dress **jurk**
dressing gown **ochtendjas**
drink **drankje (alcohol), drinken**
drinking water **drinkwater**
drive **rijden (in auto)**
driver **chauffeur**
driving licence **rijbewijs**
drop **druppel**
drought **droogte**
dry **drogen, droog**
dry cleaner's **stomerij**
dry shampoo **droogshampoo**
dry-clean **stomen (reinigen)**
dummy **fopspeen**
during **gedurende, tijdens**
dustbin **vuilnisbak**
Dutch **Nederlander, Nederlands**
duvet **dekbed**
DVD **dvd**
dynamo **dynamo**

E

ear **oor**
ear, nose and throat (ENT) specialist **keel-, neus- en oorarts**
earache **oorpijn**
eardrops **oordruppels**
early **vroeg**
earring **oorbel**
earth **aarde (grond)**
earthenware **aardewerk**
east **oosten**
Easter **Pasen**
easy **gemakkelijk**
eat **eten (ww)**
eco tourism **ecotoerisme**
eczema **eczeem**
eel **paling**
egg **ei**
elastic band **elastiekje**
elbow **elleboog**
electric **elektrisch**
electricity **elektriciteit**
elephant **olifant**
e-mail **e-mail**
e-mail, to – **e-mailen**
e-mail address **e-mailadres**
embassy **ambassade**
emergency brake **noodrem**
emergency exit **nooduitgang**
emergency number **alarmnummer**
emergency phone **praatpaal**
emergency triangle **gevarendriehoek**
emery board **nagelvijl**
empty **leeg**
engaged **bezet, in gesprek**
engine block **motorblok**
English **Engels**
enjoy **genieten**
entertainment guide **uitgaanskrant**
entrance **ingang**
envelope **envelop**
euro **euro**
evening **avond (tot 21 uur)**
evening, in the – **'s avonds (tot 21 uur)**
evening, this – **vanavond (tot 21 uur)**
evening wear **avondkleding**
event **evenement**
everything **alles**
everywhere **overal**
examine **onderzoeken (med.)**
excavation **opgravingen**
excellent **uitstekend**
exchange **ruilen**
exchange rate **wisselkoers**
excursion **excursie**
exhaust pipe **uitlaatpijp**
exhibition **tentoonstelling**
exit **uitgang**
expenses **onkosten**

expensive **duur (bn)**
explain **uitleggen**
explosives **explosieven**
express **sneltrein**
extend **verlengen**
extension cord **verlengsnoer**
external **uitwendig**
eye **oog**
eye drops **oogdruppels**
eye shadow **oogschaduw**
eye socket **oogkas**
eye specialist **oogarts**
eyeliner **eyeliner**

F

face **gezicht**
factory **fabriek**
fair **kermis**
fall **vallen**
family **familie, gezin**
famous **beroemd**
far away **ver weg**
farm **boerderij**
farmer **boer**
farmer's wife **boerin**
fashion **mode**
fast **snel, vasten**
fast-food restaurant **fastfoodrestaurant**
father **vader**
fault **schuld (fout)**
fax **faxen**
feel **voelen**
feel like **zin hebben**
feelings **gevoelens**
fence **hek**
ferry **pont, veerboot**
festival **festival**
festivities **festiviteiten**
fever **koorts**
fill out **invullen**
filled roll **belegd broodje**
filling **vulling (gebit)**
film, to – **filmen**
filter **filter**
find **vinden**
fine **bekeuring, boete**
finger **vinger**
fire **brand, vuur**
fire brigade **brandweer**
fire escape **brandtrap**
fire extinguisher **brandblusser**
first **eerste**
first aid **eerste hulp**
first aid kit **EHBO-doos**
first class **eerste klas**
fish **vis, vissen**
fishing rod **hengel**
fit **passen (de goede maat zijn)**
fitting room **paskamer**
fix **repareren, plakken (band)**
flag **vlag**
Flanders **Vlaanderen**
flat **flat**
flea market **vlooienmarkt**
Fleming **Vlaming**
Flemish **Vlaams, Vlaamse**
flight **vlucht (reis)**
flight number **vluchtnummer**
flippers **zwemvliezen**
flood **overstroming**
floor **verdieping**
flour **bloem, meel**
flower **bloem (plant)**
flu **griep**
fly **vlieg, vliegen (ww)**
fly-over **viaduct**
fog **mist**
folding caravan **vouwwagen**
folkloristic **folkloristisch**
follow **volgen**
food **levensmiddelen, voedsel**
food poisoning **voedselvergiftiging**
foot **voet**
football **voetbal**
football, play – **voetballen**
football match **voetbalwedstrijd**
for **voor**
forbidden **verboden**
forehead **voorhoofd**

foreign **buitenlands**
forget **vergeten**
fork **voorvork, vork**
fork head **balhoofd**
form **formulier**
fort **fort**
forward **doorsturen**
fountain **fontein**
frame **montuur**
free **gratis, vrij**
free time **vrije tijd**
freeze **vriezen**
French **Frans**
French bread **stokbrood**
fresh **vers**
fried **gebakken**
friend **vriend**
friendly **vriendelijk**
fringe **pony (kapsel)**
front, at the – **vooraan, voorin**
front extension **voortent**
frost **vorst (kou)**
fruit **fruit**
fruit juice **vruchtensap**
frying pan **koekenpan**
full **vol**
full board **volpension**
fun **plezier**

G

g.p. **huisarts**
gallery **galerie**
game **spelletje**
garage **garage**
garbage **vuilnis**
garbage bag **vuilniszak**
garden **tuin**
garlic **knoflook**
gas cooker **gasstel**
gas cylinder **gasfles**
gear **versnelling**
gear lever **versnellingshendel**
gel **gel**
genetically modified **genetisch gemanipuleerd**
genitals **geslachtsdelen**
German **Duits**
get off **uitstappen**
gift **geschenk**
gilt **verguld**
girl **meisje**
girlfriend **vriendin**
give **geven**
glacier **gletsjer**
glass **glas**
glasses **bril**
glide **zweefvliegen**
glove **handschoen**
glue **lijm**
gnat **mug**
go **gaan**
go back **teruggaan**
go out **uitgaan**
god **god**
gold **goud**
golf, play – **golfen**
golf course **golfbaan**
gone **weg (kwijt)**
good afternoon **goedemiddag**
good evening **goedenavond (bij aankomst)**
good morning **goedemorgen**
good night **goedenacht, goedenavond (bij vertrek), welterusten**
goodbye **dag (tot ziens)**
GPS **gps**
gram **gram**
grandchild **kleinkind**
grandfather **opa**
grandmother **oma**
grape **druif**
grass **gras**
grave **graf**
grease **vet (zn)**
green **groen**
green card **groene kaart**
greet **begroeten**
grey **grijs**
grill **grillen**
grilled **gegrild, geroosterd**

grocer **kruidenier**
groin **lies**
ground **grond**
ground floor **begane grond**
groundsheet **grondzeil**
group **groep**
gsm **gsm**
guest **logé**
guest house **pension**
guide **gids**
guided tour **rondleiding**
gullet **slokdarm**
guy rope **scheerlijn**
gynaecologist **vrouwenarts**

H

haggle **afdingen**
hair **haar**
hairdresser **kapper**
hair-drier **föhn**
hairpin **haarspeld**
hairspray **haarlak**
halal **halal**
half **half, helft**
half full **halfvol (halfleeg)**
ham **ham**
hammer **hamer**
hand **hand**
hand brake **handrem**
hand luggage **handbagage**
handbag **handtas**
handicapped **gehandicapt**
handicrafts **handwerk**
handkerchief **zakdoek**
handlebar brake **knijprem**
handlebars **fietsstuur**
handmade **handgemaakt**
happy **blij**
harbour **haven**
hard **hard (stijf)**
hat **hoed, muts**
hay fever **hooikoorts**
head **hoofd**
head, back of the – **achterhoofd**
headache **hoofdpijn**
headlight **koplamp**
headphones **koptelefoon**
health **gezondheid**
health food shop **reformwinkel**
health insurance **ziektekostenverzekering**
healthy **gezond**
hear **verstaan**
hearing aid **gehoorapparaat**
heart **hart**
heater **verwarming**
heavy **zwaar**
heel **hak, hiel**
hello **hallo**
helmet **helm**
help **helpen, hulp**
helping **portie**
herbal tea **kruidenthee**
herbs **kruiden (zn)**
here **hier**
here you are **alstublieft (antwoord)**
herring **haring (vis)**
high **hoog**
high tide **vloed**
highchair **kinderstoel**
hiking **wandelsport**
hiking trip **trektocht**
Hindu **hindoeïstisch**
hip **heup**
hire **huren**
hire, for – **te huur**
hitchhike **liften**
hobby **hobby**
holiday **feestdag, vakantie**
holiday house **vakantiehuisje**
holiday park **bungalowpark**
Holland **Nederland**
home, at – **thuis**
homesick, be – **heimwee hebben**
honest **eerlijk**
honey **honing**
honeymoon **huwelijksreis**
horizontal **horizontaal**
horrible **afschuwelijk**
horse **paard**

horseback riding **paardrijden**
hospital **ziekenhuis**
hospitality **gastvrijheid**
hot **pikant, warm (weer)**
hotel **hotel**
hot-water bottle **kruik**
hour **uur**
house **huis**
house number **huisnummer**
household items **huishoudelijke artikelen**
houses of parliament **parlementsgebouw**
housewife **huisvrouw**
how far? **hoe ver?**
how long? **hoe lang?**
how much? **hoeveel?**
how? **hoe?**
hubcap **wieldop**
hungry, be ~ **honger hebben**
hurricane **orkaan**
hurry, be in a ~ **haast hebben**
husband **echtgenoot**
hut **hut (niet op schip)**
hyperventilation **hyperventilatie**

I

ice cubes **ijsblokjes**
ice pack **koelelement**
ice skate **schaatsen**
icecream **ijs**
idea **idee**
identification **identiteitsbewijs**
identity, show proof of ~ **zich identificeren**
identity card **legitimatiebewijs**
ignition key **contactsleutel**
ill **ziek**
illness **ziekte**
imagine **zich (iets) voorstellen**
immediately **onmiddellijk**
immersion heater **dompelaar**
import duty **invoerrechten**
important **belangrijk**
impossible **onmogelijk**
in **in**
included **inbegrepen, inclusief**
indicate **aanwijzen**
indicator **richtingaanwijzer**
industrial art **kunstnijverheid**
inexpensive **goedkoop**
infection (viral ~, bacterial ~) **infectie (virus-, bacteriële -)**
inflammation **ontsteking (med.)**
inflatable boat **rubberboot**
information **gegevens, informatie, inlichting**
information office **inlichtingenbureau**
ingredient **ingrediënt**
injection **injectie**
injured **gewond**
inner tube **binnenband**
innocent **onschuldig**
inoculation **inenting, vaccinatie**
insect **insect**
insect bite **insectenbeet**
insect repellant **muggenolie**
inside **binnen**
instep **wreef**
instructions **gebruiksaanwijzing**
insurance **verzekering**
intermission **pauze**
international **internationaal**
internet **internet**
internet banking **internetbankieren**
internet cafe **internetcafé**
interpreter **tolk**
introduce oneself **zich voorstellen (aan)**
invite **uitnodigen**
iodine **jodium**
iron **ijzer, strijkbout, strijken**
ironing board **strijkplank**
ironmonger's **ijzerwarenhandel**
islamic **islamitisch**
island **eiland**
itch **jeuk**

J

jack krik
jacket jasje
jam jam
jaw kaak
jeans spijkerbroek
jellyfish kwal
jerry can jerrycan
jet-lag jetlag
jeweller juwelier
jewellery sieraden
Jewish joods
joke grap
juice sap
jumble sale rommelmarkt
jump leads startkabels
jumper trui

K

key sleutel
kidney nier
kilo kilo
kilometre kilometer
king koning
kiss kus, kussen (ww)
kitchen keuken
knee knie
knife mes
know weten
kosher koosjer

L

lace veter
ladies damestoilet
ladies' underpants slipje
lake meer (zn)
lamb lamsvlees
lamp lamp
land landen
lane rijstrook
language taal
language course taalcursus
laptop laptop
large groot
last laatste, vorig
last night afgelopen nacht
late laat
later straks
latest, at the ~ uiterlijk (niet later dan)
laugh lachen
launderette wasserette
law recht (jur.)
laxative laxeermiddel
leak lek (van band)
leather leer
leather goods lederwaren
leave vertrekken
leek prei
left links, linksaf
leg been
lemon citroen
lend lenen (aan)
lens lens
lens-cleaning liquid lenzenvloeistof
less minder
lesson les
letter brief
lettuce sla
level crossing spoorwegovergang
library bibliotheek
lie liegen, liggen
life jacket reddingsvest, zwemvest
lift lift (in gebouw, met auto)
light licht
lighter aansteker
lighthouse vuurtoren
lightning bliksem
like houden van, leuk vinden, lusten
line lijn
linen linnen, linnengoed
lion leeuw
lipstick lippenstift
listen luisteren
literature literatuur
litre liter

little weinig
little, a – een beetje
live wonen
live together samenwonen
liver lever
lobster kreeft
local plaatselijk
lock slot
loin lende
long lang (afstand)
look kijken
look for zoeken
look up opzoeken
lorry vrachtwagen
lose verliezen
loss verlies
lost kwijt, verdwaald, zoek
lost, be – verdwalen
lost property office gevonden voorwerpen
lotion lotion
loud hard (luid)
love houden van (iemand), liefde
love, be in – with verliefd zijn op
love, make – vrijen
low laag
LPG lpg
luck geluk
lucky, be – geluk hebben
luggage bagage
luggage locker bagagekluis
lump klontje
lunch lunch
lunchroom café
lung long

M

macrobiotic macrobiotisch
madam mevrouw
magazine tijdschrift
mail post
mail, to – mailen
main course hoofdgerecht
main road grote weg
mains voltage netspanning
major road voorrangsweg
makeshift provisorisch
malaria malaria
man man (mens)
manager beheerder
mandarin mandarijn
manicure manicure
many veel
map landkaart
marble marmer
marina jachthaven
market markt
marriage huwelijk
married getrouwd
married, get – trouwen
mass mis (zn)
massage massage
mat mat (foto)
match wedstrijd
matches lucifers
maybe misschien
mayonnaise mayonaise
mayor burgemeester
meal maaltijd
mean betekenen
meat vlees
medical certificate doktersverklaring
medication geneesmiddel
medicine medicijn
meet ontmoeten (leren kennen)
megapixles megapixels
melon meloen
membership lidmaatschap
memory card geheugenkaart
menstruate ongesteld zijn
menstruation menstruatie
menu menukaart
message boodschap (bericht)
metal metaal
meter meter (in taxi)
metre meter (100 cm)
microwave magnetron
migraine migraine
milk melk
milkshake milkshake

mill (wind –) **windmolen**

milometer **kilometerteller**

mince **gehakt (zn)**

minced meat **gehakt (zn)**

mineral water **mineraalwater**

minute **minuut**

mirror **spiegel**

miss **missen**

missing, be – **ontbreken**

mistake **fout (zn), vergissing**

mistaken, be – **zich vergissen**

misunderstanding **misverstand**

mixture **drankje (med.)**

mobile **mobieltje**

mobile navigation system **gps**

modern art **moderne kunst**

molar **kies**

moment **moment, ogenblik**

monastery **klooster**

money **geld**

money, draw – from a cash dispenser **pinnen (geld opnemen)**

month **maand**

moped **brommer**

morning, in the – **'s morgens, 's ochtends**

morning, this – **vanmorgen**

morning-after pill **morning-afterpil**

mosque **moskee**

motel **motel**

mother **moeder**

motor cross **motorcrossen**

motorbike **motorfiets**

motorboat **motorboot**

motorway **autoweg, snelweg**

mountain **berg**

mountain hut **berghut**

mountaineering **bergbeklimmen, bergsport**

mountaineering shoes **bergschoenen**

mouse **muis**

mouth **mond**

much **veel**

mudguard **spatbord**

multi-storey car park **parkeergarage**

muscle **spier**

muscle spasms **krampen (in spieren)**

museum **museum**

mushrooms **paddenstoelen**

music **muziek**

musical **musical**

Muslim **moslim**

mussels **mosselen**

mustard **mosterd**

N

nail **nagel, spijker**

nail polish **nagellak**

nail scissors **nagelschaartje**

naked **bloot, naakt**

nappy **luier**

nationality **nationaliteit**

natural **natuurlijk**

nature **natuur**

nature excursion **natuurexcursie**

nature reserve **natuurpark**

naturism **naturisme**

navel **navel**

navigation system **navigatiesysteem**

near **bij**

nearby **dichtbij**

nearest **dichtstbijzijnde**

necessary **nodig, noodzakelijk**

neck **hals, nek**

needle **naald**

negative **negatief (foto)**

neighbours **buren**

nephew **neef (zoon van broer/zus)**

network **netwerk**

never **nooit**

new **nieuw**

New Year's Day **nieuwjaarsdag**

news **nieuws**

news stand **kiosk**

newspaper **krant**

next **volgende**
next to **naast**
nice **aardig, lekker, leuk**
niece **nicht (dochter van broer/ zus)**
night **avond (na 21 uur), nacht**
night, at – **'s avonds (na 21 uur)**
nightclub **nachtclub**
nightlife **nachtleven**
nipple **speen, tepel**
no **nee**
noise **lawaai**
non-alcoholic **alcoholvrij**
non-smoker **niet-roker**
nonstop **non-stop**
no-one **niemand**
norit **norit**
normal **gewoon, normaal**
north **noorden**
nose **neus**
nose drops **neusdruppels**
not **niet**
notebook **notebook**
notepaper **postpapier**
nothing **niets**
nowhere **nergens**
nude beach **naaktstrand**
number **nummer**
number plate **kentekenplaat, nummerbord**
nurse **verpleegster**
nuts **noten (gemengd)**

O

off **bedorven**
offer **aanbieden**
office **kantoor**
off-licence **slijterij**
oil **olie**
oil level **oliepeil**
ointment **zalf**
ointment for burns **brandzalf**
OK **oké**
okay **oké, akkoord**
old **oud**
olive **olijf**
olive oil **olijfolie**
omelette **omelet**
on **op**
once, at – **onmiddellijk, meteen**
once more **opnieuw**
oncoming car **tegenligger**
one-way traffic **eenrichtingsverkeer**
onion **ui**
open **open(en)**
opening hours **openingstijden**
opera **opera**
operate **opereren**
operetta **operette**
opposite **tegenover**
optician **opticien (winkel)**
or **of**
orange **oranje, sinaasappel**
orange juice **sinaasappelsap**
order **bestellen, bestelling**
organic food shop **natuurvoedingswinkel**
other **andere**
outside **buiten**
outward appearance **uiterlijk (gezicht)**
outward journey **heenreis**
oven **oven**
overnight stay **overnachting**
overtake **inhalen**
overtaking, no – **inhaalverbod**
oysters **oesters**

P

package tour **groepsreis**
page **pagina**
pain **pijn**
painkiller **pijnstiller**
paint **verf**
painting **schilderij, schilderkunst**
palace **paleis**
pan **pan**
pancake **pannenkoek**
pancreas **alvleesklier**

panty liner **inlegkruisje**
paper **papier**
paprika **paprika**
paracetamol **paracetamol**
parasol **parasol**
parcel **pak(ket)je, postpakket**
pardon **pardon**
parents **ouders**
park **park, parkeren**
parking fine **parkeerboete**
parking space **parkeerplaats**
part **onderdeel**
partial board **halfpension**
partner **partner, vriend(in)**
party **feest**
passable **begaanbaar**
passenger **passagier**
passport **paspoort**
passport photo **pasfoto**
pasta **pasta**
patient **patiënt**
pavement **trottoir**
pay **betalen**
pea **erwt**
peak hour **spitsuur**
peanuts **pinda's**
pear **peer**
pedal **pedaal**
pedal boat **waterfiets**
pedestrian **voetganger**
pedestrian crossing **zebrapad**
pedicure **pedicure**
peel **schil**
pen **pen**
pencil **potlood**
penis **penis**
pension **pensioen**
pepper **peper**
perfume **parfum**
perm **permanent (haar), permanenten**
permit **vergunning**
person **persoon**
personal **persoonlijk**
petrol **benzine**
petrol station **benzinestation, tankstation**
petrol tank **benzinetank**
pets **huisdieren**
pharmacy **apotheek**
phone **bellen, telefoon**
phone, over the – **telefonisch**
phone box **telefooncel**
phone card **telefoonkaart**
phone directory **telefoongids**
phone number **telefoonnummer**
photo **foto**
photocopier **kopieerapparaat**
photocopy **fotokopie, fotokopiëren**
piano **piano**
pick up **ophalen**
picnic **picknick**
pictures, take – **fotograferen**
piece of clothing **kledingstuk**
pier **pier**
piercing **piercing**
pillow **kussen (zn)**
pillowcase **kussensloop**
pin **speld**
PIN number **pincode**
pineapple **ananas**
pipe **pijp**
pipe tobacco **pijptabak**
pity **jammer**
pizza **pizza**
place of entertainment **uitgaansgelegenheid**
place of interest **bezienswaardigheid**
plan **plan**
plane ticket **vliegticket**
plant **plant**
plastic **plastic**
plastic bag **plastic tasje**
plate **etensbord**
platform **perron**
play **spelen, toneelstuk**
playground **speeltuin**
playing cards **speelkaarten**
pleasant **aangenaam**

please **alstublieft (vragend), graag, s.v.p.**
pleasure **genoegen**
plug **stekker**
plum **pruim**
pocket knife **zakmes**
point **wijzen**
poison **gif**
police **politie**
police station **politiebureau**
policeman **agent**
pond **vijver**
pop concert **popconcert**
population **bevolking**
pork **varkensvlees**
port **port**
porter **portier (man)**
possible **mogelijk**
post office **postkantoor**
postage **porto**
postbox **brievenbus**
postcard (picture ~) **ansichtkaart**
postcode **postcode**
potato **aardappel**
poultry **gevogelte**
pound **pond (500 g, munteenheid)**
powdered milk **poedermelk**
power point **elektriciteitsaansluiting**
pram **kinderwagen**
precious **dierbaar**
prefer **liever hebben**
preference **voorkeur**
pregnancy **zwangerschap**
pregnant **in verwachting, zwanger**
prepaid card **prepaidkaart**
present **aanwezig, cadeau**
press **drukken, indrukken**
pressure **druk (spanning)**
price **prijs**
price list **prijslijst**
print **afdruk, afdrukken (foto)**
probably **waarschijnlijk**
problem **probleem**
profession **beroep**
programme **programma**
pronounce **uitspreken**
propane camping gas **campinggas (propaan)**
Protestant **protestant**
public transport **openbaar vervoer**
pull **trekken (kies)**
pump **luchtpomp**
pure **puur**
purify **zuiveren**
purple **paars**
purse **portemonnee, tasje**
push **duwen**
pyjamas **pyjama**

Q

quality **kwaliteit**
quarter **kwart**
quarter of an hour **kwartier**
queen **koningin**
queue **rij**
quick **vlug**
quiet **rustig**

R

radiator **radiateur (auto), radiator (cv)**
radio **radio**
railways **spoorwegen**
rain **regen(en)**
raincoat **regenjas**
rape **verkrachting**
rapids **stroomversnelling**
rash **huiduitslag**
rat **rat**
raw **rauw**
razor blade **scheermesje**
read **lezen**
ready **klaar**
rear light **achterlicht**
rear-view mirror **achteruitkijkspiegel**
receipt **bewijs van betaling, kassabon, kwitantie**

reception desk **receptie (ontvangstbalie)**
recipe **recept**
reclining chair **ligstoel**
reclining seat **ligstoel**
recommend **aanbevelen**
recovered **beter (na ziekte)**
rectangle **rechthoek**
red **rood**
reflector **reflector**
refrigerator **koelkast**
refuse **afval**
regards **de groeten**
region **streek (regio)**
registered **aangetekend**
registration **kentekenbewijs**
relation **relatie**
relatives **familie (verwanten)**
reliable **betrouwbaar**
religion **geloof, godsdienst**
rent **huur (zn)**
rent out **verhuren**
rented car **huurauto**
repair **repareren**
repairs **reparatie**
repeat **herhalen**
report **proces-verbaal**
request **vraag (verzoek)**
required **vereist**
responsible **verantwoordelijk**
rest **uitrusten**
restaurant **restaurant**
result **uitslag (resultaat)**
retired **gepensioneerd**
return (ticket) **retour (kaartje)**
return trip **terugreis**
reverse **achteruitrijden (auto)**
rheumatism **reumatiek**
rice **rijst**
ride **rijden (op fiets, paard)**
ridiculous **onzin**
riding school **manege**
right **rechtsaf**
right, on the ~ **rechts**
right of way **voorrang**
rim **velg**
ring **bellen**
ripe **rijp**
risk **risico**
river **rivier**
road **weg (zn)**
roadside restaurant **wegrestaurant**
roadworks **wegwerkzaamheden**
roasted **gebraden**
rock **rots**
roll **(onbelegd) broodje**
rolling tobacco **shag**
Roman Catholic **katholiek**
roof rack **imperiaal**
room **kamer**
room number **kamernummer**
room service **roomservice**
rope **touw**
rosé **rosé**
roundabout **rotonde**
roundtrip **rondreis**
route **route**
row **rij**
rowing boat **roeiboot**
rubber **rubber**
rubbish **flauwekul**
rude **onbeleefd**
ruin **ruïne**
run into **ontmoeten (tegenkomen)**
runners **sportschoenen**

S

S.T.D. **soa**
sad **verdrietig**
saddle bag **fietstas**
safari **safari**
safe **kluis (in hotel), veilig**
safety pin **veiligheidsspeld**
sail **zeil, zeilen**
sailing boat **zeilboot**
salad **salade, sla**
salad oil **slaolie**
sale **uitverkoop**
salt **zout (zn)**
salt-free **zoutloos**

salty **zout (bn)**
same **zelfde**
same, the **hetzelfde**
sand **zand**
sandy beach **zandstrand**
sanitary pad **maandverband**
sanitation **sanitaire voorzieningen**
sardines **sardines**
satisfied **tevreden**
sauce **saus**
sauna **sauna**
sausage **worst**
savoury **hartig**
say **zeggen**
scarf **sjaal**
scenic walk **stadswandeling, wandelroute**
school **school**
scissors **schaar**
scooter **scooter**
scorpion **schorpioen**
screw **schroef**
screwdriver **schroevendraaier**
sculpture **beeldhouwkunst**
sea **zee**
seasick, be **zeeziek zijn**
seaside resort **badplaats**
season **kruiden (ww)**
season ticket **abonnement**
seat **zitplaats, zadel**
seat belt **veiligheidsgordel**
second **seconde, tweede**
second-hand **tweedehands**
secretion **afscheiding (med.)**
sedative **kalmeringsmiddel**
see **bezichtigen**
self-service **zelfbediening**
self-timer **zelfontspanner**
send **versturen**
sentence **zin (woorden)**
serious **ernstig**
service **bediening**
serviette **servet**
sex **seks**
shade **schaduw**
shallow **ondiep**
shampoo **shampoo**
shark **haai**
sharp **scherp**
shave **zich scheren**
shaver **scheerapparaat**
shaving soap **scheerzeep**
she **zij (één persoon)**
sheet **laken**
sherry **sherry**
shirt **overhemd**
shock absorber **schokbreker**
shoe **schoen**
shoe polish **schoensmeer**
shoe shop **schoenenwinkel**
shoemaker **schoenmaker**
shop **boodschappen doen, winkel**
shop assistant **verkoopster**
shop window **etalage**
shopping centre **winkelcentrum**
shopping street **winkelstraat**
short **kort**
short circuit **kortsluiting**
shorts **broek (kort)**
shoulder **schouder**
show **show, voorstelling**
shower **douche**
shower coin **douchemuntje**
shrimp **garnaal**
shutter **sluiter**
sick, be **misselijk zijn**
side **zij (van lichaam)**
side, other **overkant**
sign **verkeersbord, ondertekenen (signeren)**
signature **handtekening**
silence **stilte**
silencer **knalpot**
silver **zilver**
SIM-card **SIM-kaart**
SIM-lock **SIM-lock**
simple **eenvoudig**
single **eenpersoons, enkele reis (kaartje), ongetrouwd, vrijgezel**
sir **meneer**
sister **zus**
sit **zitten**

size **maat (kleding, schoenen)**
skate **skaten, schaats(en)**
ski **skiën**
ski boots **skischoenen**
ski goggles **skibril**
ski instructor **skileraar**
ski lessons **skiles**
ski lift **skilift**
ski pants **skibroek**
ski pass **skipas**
ski slope **skipiste**
ski stick **skistok**
ski suit **skipak**
skiclass **skiklas, skiles**
skin **huid**
skirt **rok**
skis **ski's**
sleep **slapen**
sleeping bag **slaapzak**
sleeping car **slaapwagen**
sleeping mat **slaapmat**
sleeping pill **slaappil**
sleeping place **slaapplaats**
slim **slank**
slip road **oprit**
slippers **slippers**
slope **helling**
slow **langzaam**
slow train **stoptrein**
small **klein**
small change **kleingeld**
small intestine **dunne darm**
smell **stinken**
smoke **roken, rook**
smoked **gerookt**
snake **slang (dier)**
snorkel **snorkel, snorkelen**
snow **sneeuw, sneeuwen**
snow boots **sneeuwschoenen**
snow chains **sneeuwkettingen**
snowboarding **snowboarden**
soap **zeep**
soap powder **zeeppoeder**
socket **stopcontact**
socks **sokken**
soft **zacht**
soft drink **frisdrank, limonade**
solar energy **zonne-energie**
sole **tong (vis), zool**
sollicitor **advocaat (jur.)**
someone **iemand**
something **iets**
sometimes **soms**
somewhere **ergens**
son **zoon**
soon **gauw**
sorbet **sorbet**
sore **zweer**
sore throat **keelpijn**
sorry **sorry**
sort **soort**
sound **geluid**
soup **soep**
sour **zuur**
south **zuiden**
souvenir **souvenir**
spanner **moersleutel**
spanner (openended –) **steeksleutel**
spare **reserve**
spare parts **reserveonderdelen**
spare tyre **reserveband**
spare wheel **reservewiel**
speak **spreken**
special **bijzonder**
specialist **specialist**
specialty **specialiteit**
speed limit **maximumsnelheid, snelheidsbeperking**
spell **spellen**
spicy **gekruid**
spleen **milt**
splinter **splinter**
spoke **spaak**
spoon **lepel**
sport **sport**
sport, play – **sporten**
sports centre **sporthal**
sports school **sportschool**
spot **plaats (plek)**
sprain **verzwikken**

S

spring bron (opwellend water), lente
square plein, vierkant
square metres vierkante meter
squash, play ~ squashen
stadium stadion
stain vlek
stain remover vlekkenmiddel
stairs trap
stalls zaal (in theater)
stamp postzegel
start starten
starters voorgerecht
station station
statue standbeeld
stay blijven, logeren, verblijf
steal stelen
steering column stuurhuis
steering wheel autostuur
stench stank
sting steken (insect)
stitch hechten (med.), hechting
stock cube bouillonblokje
stocking kous
stolen gestolen
stomach maag
stomach ache buikpijn, maagpijn
stomach cramps krampen (in buik)
stools ontlasting
stop halte, stoppen
stopover tussenlanding
storm storm
straight rechtstreeks, steil (haar)
straight ahead rechtdoor
straw rietje
strawberries aardbeien
street straat
street side straatkant
strike staking
student student
study studeren
subtitled ondertiteld
succeed lukken
sugar suiker
suit pak
suitable for children kindvriendelijk
suitcase koffer
summer zomer
sun zon
sun hat zonnehoed
sunbathe zonnebaden
sunglasses zonnebril
sunrise zonsopgang
sunset zonsondergang
sunstroke zonnesteek
suntan lotion zonnebrandcrème
supermarket supermarkt
surcharge toeslag
surf surfen (op internet, sport)
surf board surfplank
surgery spreekuur (dokter)
surname achternaam, naam
surprise verrassing
swallow doorslikken
swamp moeras
sweat zweet
sweet lief, snoepje, zoet
sweeteners zoetjes (zn)
sweets snoep(goed)
swim zwemmen
swimming goggles zwembril
swimming pool zwembad
swimming trunks zwembroek
swindle oplichting
switch schakelaar
synagogue synagoge
syrup stroop

T

table tafel
table tennis, play ~ tafeltennissen
tablet tablet
take gebruiken, innemen
taken bezet (stoel)
talcum powder talkpoeder
talk praten
tall lang (mens)
tampons tampons

tan **bruin worden**
tap **kraan**
tap water **kraanwater**
taste **proeven**
tax **belasting**
tax free shop **taxfreewinkel**
taxes **belasting**
taxi **taxi**
taxi stand **taxistandplaats**
tea **thee**
teapot **theepot**
teaspoon **theelepel**
telephone **telefoon**
telephoto lens **telelens**
television **televisie**
temperature **temperatuur**
temporary filling **noodvulling**
tender **mals**
tennis, play – **tennissen**
tennis ball **tennisbal**
tennis court **tennisbaan**
tennis racket **tennisracket**
tenpin bowling **bowlen**
tent **tent**
tent peg **tentharing**
tent pole **tentstok**
terrace **terras**
terribly **ontzettend**
terrorist threat **terrorismedreiging**
tetanus **tetanus**
text (message) **sms**
text, send a – message **sms'en**
thank **bedanken**
thank you **dank u wel**
thanks **bedankt**
thaw **dooien**
theatre **schouwburg, theater, toneel**
theft **diefstal**
there **daar**
thermal bath **thermaal bad**
thermal springs **warmwaterbronnen**
thermometer **thermometer**
thermos flask **thermosfles**
they **zij (meer personen)**
thick **dik (materiaal)**
thief **dief**
thigh **dij**
thin **dun, mager**
things **spullen**
think **denken**
third **derde (deel)**
third-party insurance **WA-verzekering**
thirsty, be – **dorst hebben**
thread **draad(je), garen**
throat **keel**
throw up **braken**
thunderstorm **onweer**
tick tweezers **tekenpincet**
ticket **toegangskaartje, kaartje (voor transport)**
tide, low – **eb**
tidy **opruimen**
tie **stropdas**
tights **panty**
time **tijd**
time of arrival **aankomsttijd**
times **maal (keer)**
timetable **dienstregeling**
tin **blikje**
tin opener **blikopener**
tip **fooi**
tissue **papieren zakdoekje**
toast **toast (geroosterd brood)**
toaster **broodrooster**
tobacco **tabak**
toboggan **slee**
today **vandaag**
toe **teen**
together **samen**
toilet **toilet, wc**
toilet bag **toilettas**
toilet paper **toiletpapier**
toilet seat **wc-bril**
toiletries **toiletartikelen**
toll **tol**
toll road **tolweg**
tomato **tomaat**
tomato sauce **tomatensaus**

tomorrow **morgen**
tongue **tong (lichaamsdeel)**
tonight **vanavond (na 21 uur), komende nacht**
tools **gereedschap**
tooth **tand**
toothache **kiespijn**
toothbrush **tandenborstel**
toothpaste **tandpasta**
toothpick **tandenstoker**
top up **bijvullen**
topless **topless**
torch **zaklantaarn**
total **totaal**
tough **taai**
tour **rondrit**
tour group **reisgezelschap**
tour guide **reisleider**
tour operator **touroperator**
tourism **toerisme**
tourist **toerist**
tourist card **toeristenkaart**
tourist class **toeristenklasse**
Tourist Information Office **VVV-kantoor**
tourist tax **toeristenbelasting**
tow **slepen**
tow cable **sleepkabel**
towel **handdoek**
tower **toren**
towing service **sleepdienst**
town **stad (klein/middelgroot)**
town hall **stadhuis**
toys **speelgoed**
traffic **verkeer**
traffic light **verkeerslicht**
traffic sign **verkeersbord**
trailer **aanhangwagen**
train **trein**
train ticket **treinkaartje**
train timetable **spoorboekje**
tramcar **tram**
transit **doorreis**
translate **vertalen**
transport **vervoer**
travel **reizen**
travel adapter **wereldstekker**
travel agent **reisbureau**
travel guide **reisgids**
travel insurance **reisverzekering**
traveller **reiziger**
traveller's cheque **reischeque**
treacle **stroop**
treatment **behandeling (med.)**
triangle **driehoek**
trim **bijpunten**
trip **reis, tocht (uitstapje)**
trouble **last (ongemak)**
troubled, be ~ by **last hebben van**
trousers **broek (lang)**
trout **forel**
trustworthy **betrouwbaar (persoon)**
try on **passen (aanproberen)**
tube **tube**
tumble drier **droogtrommel**
tuna **tonijn**
tunnel **tunnel**
turn **keer**
tweezers **pincet**
twins **tweeling**
tyre **band, buitenband**
tyre lever **bandenlichter**
tyre pressure **bandenspanning**

U

ugly **lelijk**
ulcer **maagzweer**
umbrella **paraplu**
under **onder**
underground **metro**
underground railway system **metronet**
underground station **metrostation**
underpants **onderbroek**
understand **begrijpen**
underwear **ondergoed**
undress **uitkleden**
unemployed **werkloos**
uneven **ongelijk (niet vlak)**

university **universiteit**
unleaded **loodvrij**
up **naar boven**
upload **uploaden**
ureter **urineleider**
urgent **dringend**
urgently **spoed**
urine **urine**
USB-cable **USB-kabel**
USB-stick **USB-stick**
usually **meestal**

V

vacation **ontruiming**
vaccinate **inenten**
vagina **vagina**
vaginal infection **vaginale infectie**
valid **geldig**
valley **dal, vallei**
valuable **kostbaar**
valve **ventiel**
van **busje**
vanilla **vanille**
vase **vaas**
vaseline **vaseline**
veal **kalfsvlees**
veganist **veganist**
vegetable soup **groentesoep**
vegetables **groente**
vegetables, raw ~ **rauwkost**
vegetarian **vegetariër, vegetarisch**
vein **ader**
vending machine **automaat (machine)**
venereal disease **geslachtsziekte**
ventilator **ventilator**
vertigo **hoogtevrees**
vest **hemd**
via **via**
video camera **videocamera**
view **uitzicht**
village **dorp**
virus **virus**
visa **visum**
visit **bekijken, bezichtigen, bezoeken**
vitamin tablets **vitaminetabletten**
vitamins **vitamine**
voicemail **voicemail**
volcano **vulkaan**
volleyball, play ~ **volleyballen**
voluntary work **vrijwilligerswerk**
vomit **overgeven**

W

wait **wachten**
waiter **ober**
waiting room **wachtkamer**
waitress **serveerster**
wake up **wekken**
walk **lopen, wandelen, wandeling**
walking shoes **wandelschoenen**
wallet **portefeuille**
wardrobe **garderobe**
warm **warm**
warn **waarschuwen**
warning **waarschuwing**
wash **wassen**
washing **wasgoed**
washing line **waslijn**
washing machine **wasmachine**
washing-powder **wasmiddel**
wasp **wesp**
watch **horloge**
water **water**
water purification tablets **waterzuiveringstabletten**
water ski **waterskiën**
watermelon **watermeloen**
waterproof **waterdicht**
wave-pool **golfslagbad**
way **kant (richting), middel (manier)**
way, on the ~ **onderweg**
we **wij**
weak **zwak**
weather **weer (zn)**
weather forecast **weerbericht**
website **website**

wedding **bruiloft, huwelijk**
week **week**
weekend **weekend**
weekend duty **weekenddienst**
weekly ticket **weekabonnement**
weight **gewicht**
welcome **welkom**
well **goed**
west **westen**
wet **nat**
wetsuit **surfpak**
what? **wat?**
wheel **wiel**
wheelchair **rolstoel**
when? **wanneer?**
where? **waar?**
which? **welk?**
whipped cream **slagroom (geklopt)**
white **wit**
who? **wie?**
why? **waarom?**
wide-angle lens **groothoeklens**
widow **weduwe**
widower **weduwnaar**
wife **echtgenote**
wind **wind**
windbreak **windscherm**
window **loket, raam, ruit**
windscreen wiper **ruitenwisser**
wine **wijn**
wine card **wijnkaart**
wing mirror **buitenspiegel**
winter **winter**
winter sports **wintersport**
witness **getuige**
woman **vrouw**
wonderful **geweldig**
wood **hout**
wool **wol**
word **woord**
work **werk, werken**
working day **werkdag**
world tour **wereldreis**
worn **versleten**
worried **ongerust**
wound **wond**
wrap **inpakken**
wrist **pols**
write **schrijven**
write down **opschrijven**
writing pad **blocnote**
writing paper **briefpapier**
written **schriftelijk**
wrong **fout (bn), verkeerd**

Y

yacht **jacht (schip)**
year **jaar**
yellow **geel**
yes **ja**
yesterday **gisteren**
yoghurt **yoghurt**
you **jij, u**
you too **insgelijks**
youth hostel **jeugdherberg**

Z

zip **rits**
zoo **dierentuin**